KB069799

과로사회를 위한
존 화이트의 교육철학

일, 학습 그리고 잘삶 ——————— | 이지헌 · 임배 공저 |

JOHN WHITE'S
PHILOSOPHY OF EDUCATION WORK, LEARNING AND WELL-BEING

학지사

최근 들어 우리나라에서는 일에 대한 교육적 관심이 높아지고 있다. 현실적으로 중등학교에서는 진로진학 교육이 강화되고, 대학에서는 취업이 강조되고 있다. 이와 같은 현실 변화와 더불어 교육에 대한 깊이 있는 이론적 탐구가 필요하다. 현대사회에서는 진로진학 교육이나 취업 교육에 대한 현실적 요구를 따를 수밖에 없으나, '꼭 이렇게만 해야 하는가?'라는 의문 또한 끊이지 않고 있다. 교육정책의 밑바탕에는 우리가 여유를 갖고 깊이 생각해 보아야 할 어떤 궁극적 문제가 놓여 있다.

일은 인간의 삶에서 어떤 가치를 갖는가? 이 커다란 문제는 여러 가지 질문으로 뻗어 나간다. 잘 산다는 것은 무엇인가? 일이란 사람에게 어떤 의미가 있는가? 일은 행복한 삶, 즉 잘삶(well-being)에서 얼마나 중요한 것인가? 잘삶을 위해 중요한 일은 어떤 종류의 것인가? 사람들은 어떤 종류의 일은 하기를 원하고 어떤 종류의 일은 하기를 싫어하는데 왜 그런가? 우리는 일과 관련하여 학생에게 왜, 무엇을, 어떻게 가르치고 준비시켜야 하는가? 우리는 이와 같은 교육철학적 질문을 지나칠 수 없다. 만일 교육자, 교육학자, 교육행정가, 교육정책결정자가 이런 질문을 중요하게 생각하지 않는다면 진로, 진학, 취업과 관련된 교육활동은 올바른 방향에서 깊이 있는 성과를 낳기가 어려울 것이다.

저자들이 이런 문제에 관심을 갖게 된 것은 영국의 교육철학자인 존화이트(John White)의 『Education and the End of Work: A New Philosophy of Work and Learning』(1997)이라는 저서 때문이었다. 이를 통해 저자들은 일(노동, 직업)이 교육에서 중요한 문제이고, 교육철학의 중요한 탐구 대상이라는 점을 깨닫게 되었다. 그것은 큰 충격이었다. 분단된 나라의 남쪽에서 공부하고, 가르치는 사람들에게 일(노동)이라는 중요한 주제가 학문적인 관심에서 멀리 떨어져 있음을 새삼 느꼈다. 자유민주주의의 관점에서도 교육과 일의 다양한 관계를 철학적으로 탐구할 수 있음을 알게 되었고, 이런 점들은 적지 않은 자극과 격려가 되었다. 그 후 화이트 교수의 교육철학을 중심으로 교육과 일에 대하여 조금씩 연구하기 시작했고, 그 결과가 미흡하게나마 이 책에 담겨 있다.

제1부는 두 개의 장으로 되어 있다. 제1장에서는 일에 대한 근현대 철학자들의 사상을 다룬다. 화이트의 저서를 기반으로 삼아 이지헌의 관점에서 새로운 내용을 추가하여 정리한 글이다. 제2장은 과로사회의 강요된 학습과 대안 탐색을 다룬다. 이 글은 『교육사상연구』(2014)에 게재된 이지헌과 임배의 논문이다. 제2부는 임배의 박사학위청구논문을 수정하여 수록한 글로 제2장의 논의를 보다 상세하게 다루고 있다. 따라서 제2부는 제2장의 논의와 내용 일부가 중복되는 부분도 있다. 제3장은 한국 사회의 특징과 일 중심 문화를 검토하고, 이에 사

로잡혀 있는 교육과 학습의 문제점을 다루고 있다. 제4장은 잘삶을 위한 교육과 일의 관계를 탐구하기 위해 일, 잘삶, 학습의 개념적 관계를 밝히고 있다. 제5장은 잘삶을 실현할 수 있는 사회와 이상적 교육의 대안을 제안하고 있다.

이 책을 통해서 독자는 존 화이트의 일과 학습에 대한 새로운 교육철학을 저자들이 충실하게 논의하려고 애썼음을 느낄 것이다. 이 책이 작은 계기가 되어 일(work), 잘삶(well-being), 학습, 교육과 같은 주제가 우리나라의 교육철학에서 더 새롭게 논의되기를 소망한다.

이 책을 준비하는 중에 관련된 최신 자료를 보내 주신 런던대학교의 존 화이트 교수님, 그리고 교육철학 학술서적이 출판되도록 도와주신 학지사 김진환 사장님에게 감사를 드린다. 두 분의 지도와 지원이 없었다면 천학비재한 저자들이 미처 출간의 용기를 갖지 못했을 것이다. 또한 번역에 필요한 관련 자료를 찾아 주신 전남대학교 도서관의 하은희 선생, 작은 원고 수정 요구를 들어주신 학지사 편집부의 오수영 선생에게도 감사의 뜻을 표하고 싶다.

2016. 5.
이지헌 · 임 배

제2부 과로사회의 강요된 학습과 대안 탐색

일, 잘삶, 교육

01
일에 대한 철학자들의 사상

일(work)의 중요성을 부정할 사람은 없다. 인간 사회에서 누군가 일 하지 않으면 인간이 삶을 영위하기란 불가능해진다. 이런 일반적 주장 에 대해서는 거의 모두가 동의한다. 그런데 이런 일반적인 이야기를 벗어나서 또 다른 중요한 문제를 생각할 수 있다. 예를 들면, 일이 얼마 나 많아야 하는가? 어떤 종류의 일이 있어야 하는가? 그런 일은 누가 해야 하는가? 더 나아가, 우리는 삶에 있어서 '일의 중요성'이 아니라 '일의 중심성'을 문제로 삼을 필요가 있다. 일은 개인의 삶에서 얼마나 중심을 차지해야 하는가?

근대 이후 일은 개인적으로 또한 사회적으로 삶의 핵심으로 서서히 자리 잡게 되었다. 이제 일은 삶에서 중심을 차지하고 있다. 이는 거의 부정할 수 없는 사실이다. 그러나 "꼭 그래야 하는가?(White, 1997: 20)" 라는 질문을 던질 수 있다. 이는 사실을 묻지 않고, 당위를 묻는 철학적 질문이다. 철학은 일이 삶의 중심을 장악하고 있는 현실 속에서 어떤 근본적인 가정들을 찾아내고, 이를 논리적으로 또 윤리적으로 성찰하고자 한다.

교육철학자인 존 화이트(John White)는 일의 중심성이 갖고 있는 문제점을 '개인'의 차원에서 제기한다. '개인'의 삶이라는 차원에서 볼 때, "일이 그토록 핵심을 차지해야 하는가?" 요즈음 개인들이 하고 있는 일을 살펴보자. 타율적인 일들이 아주 많을 것이다. 거의 대부분의 일은 의무적으로, 심지어는 거의 강제적으로 해야 하는 것들이다. 이런 일들이 개인의 삶에서 중심을 차지하는 것을 당연하게 받아들이기는 어렵다. 따라서 화이트는 그의 저서, 『Education and the End of Work: A New Philosophy of Work and Learning』에서 일이 "개인의 삶과 교육(White, 1997: 20; 원문에서 강조)"에서 차지해야 할 적절한 위치를 탐구한다. 이런 탐구의 일부로서 그는 근대 철학자들이 일의 가치에 대해 어떤 주장을 하는가를 검토한다. 화이트는 이런 철학자들의 주장을 다음의 네 가지로 찾아낸다. ① 일은 인간의 기본적 필요(basic needs)다. ② 의미 있는 일(meaningful work)은 모든 사람에게 필수적인 것이다. ③ 인간의 활동적 삶에서 일이 가장 중요한 것은 아니다. ④ 일이 절대적으로 가치 있는 것은 아니다. 이런 네 가지 주장 중에서 ①과 ②는 일의 핵심 가치에 대한 옹호론이라고 볼 수 있고, ③과 ④는 일의 핵심 가치에 대한 비판론이라고 볼 수 있다. 다음에서 저자는 이 네 가지 주장을 옹호론과 비판론으로 나누어 살펴보고, 비판론의 끝부분에서 화이트의 견해를 언급할 것이다.

어떤 철학자들이 어떤 입장에 속해 있는가? 이 점을 미리 언급하는 것이 좋겠다. 옹호론자들, 즉 일의 핵심 가치를 옹호하는 철학자들은 대체로 마르크스의 사상을 토대로 삼고 있는데, 그렇지 않은 철학자도 있다. 마르크스를 따르는 철학자들은 로빈 애트필드(Robin Attfield), 리차드 노먼(Richard Norman), 신 세이어즈(Sean Sayers) 등이다. 반면에 시몬 베유(Simone Weil)는 기독교의 관점에서 그리고 에디너 슈워츠(Adina Schwartz)는 자유민주주의적 관점에서 옹호론을 펼친다. 이와 달리 비판론에 속하는 철학자들은 한나 아렌트(Hanna Arendt), 니체(Nietzsche), 러셀(Russell), 앙드레 고르(Andre Gorz) 그리고 화이트(John White) 등이다. 이 책에서 앙드레 고르는 따로 다루지 않겠다.

다음에서 일의 핵심 가치에 대한 옹호론과 비판론을 살펴볼 것인데, 저자는 "일이 개인의 삶에서 반드시 핵심을 차지해야 하는가?"라고 묻는 화이트의 관점에 따라서 일의 가치를 논의할 것이다. 물론 여러 철학자들의 일(노동)에 관한 사상을 다른 관점에서도 접근할 수 있다. 따라서 그들의 사상을 화이트의 특수한 관점에서 접근한다면, 다른 관점들에서 중요하게 다루어질 사항들이 빠질 수 있다.

여기서 한 가지 중요한 개념을 미리 언급하고 넘어가겠다. 일을 가리켜서 'need'라고 말할 경우 이 'need'를 어떻게 번역할 것인가? 엄밀하게 말해서 'need'는 글자 그대로 필수적으로 요청되는, 없어서는 안 될, 필수불가결한 것을 의미한다. 논리학에서는 필요조건과 충분조건을 구분한다. 이는 철학적 사고의 핵심이다. 어떤 사건의 필요조건이란 사건이 발생하려면 절대적으로 있어야 할 어떤 것을 가리킨다. 그렇다면 일을 가리켜서 삶(좋은 삶, 잘삶, 행복)의 'need'라고 말하는 경우에, 일이란 삶에서 없어서는 안 될, 꼭 있어야 할 필수불가결한 요소라는 말이다. 따라서 'need to work' 'human need to work'라는 표현은 '일은 인간에게 혹은 인간의 삶에 꼭 있어야 하는 것'이라는 뜻으로 이해하는 것이 적절하다. 이와 달리 'need'를 '꼭 있어야 하는 것

은 아니지만 있으면 더 좋은 것'이라는 뜻으로 확대해서 사용할 수도
있다.[1] 따라서 이런 뜻으로 사용하면 안 된다고 말할 수는 없다. 다만,
이렇게 확대시킬 경우에는 'need'의 핵심 의미가 분명하게 드러나지
않을 수 있다. 최근에 현대 윤리학에서는 잘삶(well-being) 혹은 행복
(happiness)에 관한 이론으로서 객관주의 이론과 주관주의 이론을 구
분한다(Raz, 1986; Griffin, 1986; Sumner, 1996; Paul, Miller, & Paul,
1999). 여기서 'need'는 객관주의 이론에 속하고 'desire'는 주관주의
이론에 속하는 것으로 논의되고 있다. 따라서 이 글에서는 'need'를
'필요'로 번역함으로써 'need'에 들어 있는 객관적이고 필수적인 의미
를 강조하고자 한다. 이는 "능력에 따라 일하고 필요에 따라 분배한
다."는 마르크스의 유명한 말에서 'need'를 필요라고 번역하는 것과
일치하기도 한다.

---

1) 흔히 'need'를 '욕구'로 'desire'를 '욕망'으로 번역하기도 한다(Norman, 1983:
   84/안상헌 역, 1994: 222; Elster, 1985: 84/진석용 역, 2015: 84). 그런데 진석용은
   일이 "the prime need of life"라는 마르크스의 말을 "인생의 가장 중요한 욕구
   (Elster, 1985: 84/진석용 역, 2015: 84)"라고 번역하는 반면, "from each
   according to his ability, to each according to his needs"라는 마르크스의 말을
   "능력에 따라 일하고, 필요에 따라 분배한다(Ibid.: 358)."라고 번역한다. 전자는 마
   르크스의 인간관에 관한 언급인데 진석용은 여기서 'need'를 '욕구'라고 번역하는
   반면, 후자는 마르크스의 분배원칙에 관한 언급인데 진석용은 이 경우에 'need'를
   '필요'라고 번역한다. 이처럼 'need'를 다르게 번역하는 것이 적절한가에 대해서
   마르크스 사상에 문외한인 저자로서 아직 알 수 없다. 참고로, 'human needs'라는
   개념은 마르크스의 인간관에서 근본적인 것이며, 이에 관한 설명을 엘스터(Elster,
   1985: 68-71)에서 찾아볼 수 있다.

1. 일에 대한 철학적 옹호론

1) 마르크스

'일의 가치'를 옹호하는 철학자들의 글에는 마르크스의 관련 사상이 다양하게 인용되고 있다. 앞으로 다루게 될 철학자들이 인용하는 마르크스의 주장을 몇 가지 살펴보자.

> 그들(즉, 인간이 아닌 동물들)은 직접적인 육체적 필요의 강제하에서만 생산하는 반면, 인간은 육체적 필요로부터 자유로운 가운데 생산하며, 그리고 그런 필요로부터 자유로운 데에서만 진정으로 생산한다. … 동물이 생산하는 산물은 직접적으로 그들의 육체에 속하는 반면, 인간은 그의 산물 앞에서 자유롭다. … 이런 생산이 그의 능동적인 유적 생활이다.
>
> (Marx, 1963; Attfield, 1984: 147 재인용)

> 그러면 노동의 외화는 무엇으로 이루어지는가? 먼저 그런 노동은 노동자의 외부에 존재하고, 그의 본질에 속하지 않는다. 그러므로 그는 자신의 일에서 자신을 긍정하지 않고 자신을 부정하며, 행복함 대신에 비참함을 느끼며, 자유로운 신체적·정신적 에너지를 발휘하지 못한 채 자신의 신체를 죽게 만들고 자신의 정신을 황폐하게 만든다. 이처럼 노동자는 자신을 낯선 존재로 느낄 뿐이다. 그는 일하지 않을 때 집에 있고, 일할 때에는 집에 없다. 그러므로 그의 노동은 자발적인 것이 아니라 강압적인, 강제적인 것이다. 그러므

로 노동은 자신의 필요를 충족시키는 것이 아니고, 자기 외부에 속하는 필요를 충족시키기 위한 수단일 뿐이다. 실제로 노동이 얼마나 소외된 것인가 하는 점은 다음과 같은 사실에서 아주 분명히 드러난다. 육체적 강제나 다른 강제가 없을 경우에 노동은 염병처럼 회피하게 된다. 인간이 자신을 외화시키는 외적 노동은 자기희생과 파멸의 노동이다. … 따라서 우리가 도달한 결론은, 인간(노동자)은 그저 먹고, 마시고, 생식하는 동물적 기능에서, 그리고 또 기껏해야 그가 사는 곳과 입는 옷에서만 스스로 자유로움을 느낄 뿐이며, 인간적 기능에서는 동물이라고 스스로 느낄 뿐이다.

(Marx & Engels, 1976; Norman, 1983: 177; Sayers, 1987: 726 재인용)

분업이 생기자마자 인간은 제각기 특수한, 배타적인 활동 영역을 갖게 되며, 이것에 의해 강제되고 이것으로부터 벗어나지 못한다. 그는 사냥꾼, 어부, 목동, 비판적 비평가가 되며, 만일 생계 수단을 잃어버리기를 원하지 않는다면, 그로부터 벗어나지 않아야 한다. 이런 반면, 공산주의 사회에서는 아무도 하나의 배타적 활동 영역을 갖지 않은 채 각자가 원하는 영역에서 성취를 이룰 수 있고, 사회가 일반적 생산을 규제함으로써 각자가 마음에 드는 대로, 오늘은 이런 일을 내일은 저런 일을 하고, 아침에는 사냥을 오후에는 낚시를, 저녁에는 목축을, 그 이후에는 비평을 할 수 있게 해 준다. 여기서는 내가 반드시 사냥꾼, 어부, 목동 혹은 비평가가 되지 않아도 된다.

(Marx & Engels, 1976; Arneson, 1987: 519 재인용)

세 가지 인용문에서 우리는 일(노동)에 대한 마르크스의 사상을 다양하게 엿볼 수 있다. 그런데 화이트는 마르크스의 그런 사상에서 다음 두 가지에 주목한다(White, 1997: 21). 마르크스에 따르면 첫째, 인간은 도구를 만들고, 사용하는 동물이다. 따라서 도구를 제작하고 이를 사용하는 능력, 즉 일은 인간의 본질이다. 둘째, 공산주의 사회에서 일은 '가장 중요한 필요(a prime need of life)'에 속한다.

이 두 가지 주장으로부터 마르크스는 어떤 결론을 내린다고 볼 수 있는가? 그것은 "일이 인간의 잘삶의 중심 요소가 되어야 한다."는 결론이다. 이에 대해 화이트는 다음과 같이 묻는다. "일이 인간의 잘삶의 중심 요소가 되어야 한다."는 결론이 과연 앞선 두 가지 주장으로부터 도출될 수 있는가? 화이트에 따르면, 그런 결론은 두 가지 주장으로부터 타당하게 도출되기 어렵다.

화이트는 엘스터(Elster, 1985: 64)의 논변을 참조하여 다음과 같이 비판한다. 첫째, 도구 제작 및 사용 능력은 실제로 동물에게서도 나타난다. 그렇지만 마르크스의 말대로 그것이 인간의 독특한 특성이라고 간주하자. 그렇다고 할지라도, 이런 사실로부터 "도구를 제작하고 사용하는 일이 인간의 잘삶의 핵심 요소가 되어야 한다."라는 규범적 주장이 도출되는 것은 아니다. 왜냐하면 인간의 독특성에 관한 '사실'로부터 규범적인 '주장'을 도출한다는 것은 논리적 비약이라고 말할 수 있기 때문이다.

둘째, 마르크스는 공산주의 사회가 도래하면 일은 '삶의 가장 중요한 필요'가 될 것이라고 하였다. 이 주장은 다음과 같이 이해할 수 있다. ① 생산이 자동화되면 일은 갈수록 줄어들 것이다. ② 물론 불가피하게 해야 하는 일이 여전히 남아 있겠지만, 진정한 자유의 세계에서는 그런 일로부터 벗어나서 자아실현이 가능해질 것이다. ③ 자아실현과 관련된 일은 삶에 필요한, 가장 중요한 것이 될 것이다. 다시 말해서 일부 사람들은 고된 일을 해야 하겠지만, 산업 노동이 줄어들면서 점차적으로 창조적인 활동에 종사할 수 있게 될 것이고, 이런 창조적인 활동은 사람들의 삶에 필요한, 가장 중요한 것이 될 것이다. 그렇다면 이와 같은 마르크스의 주장은 맞는 것인가? 이에 대해 화이트는 아래와 같이 비판한다. 만일 화이트의 비판이 적절한 것이라고 한다면 "일, 즉 창조적 활동이 삶의 가장 중요한 필요가 되어야 한다." 라는 마르크스의 주장은 근거가 빈약한 것이 되고 만다.

이러한 화이트의 비판은 다음 네 가지 방향으로 전개된다(White, 1997: 22-23). ① 창조적 활동은 소비 활동을 낳는다. 창조적 활동을 통해서 창조될 수 있는 것으로는 일용품, 예술작품, 이론 등이 있다. 창조적 활동의 이런 산물들은 다른 사람들에 의해서 사용, 향유, 활용된다. 즉, 창조적 활동의 결과물을 소비하는 것도 잘삶에 기여하는 중요한 요소가 된다. 다시 말해서, 창조적인 활동에 종사하지 않고 그 결과물을 소비하는 것도 잘삶에 기여하는 요소가 될 수 있다. 따라서 창조적 활동이 잘삶에 기여하는 '필수불가결한' 요소라고 말할 수 없다. ② 창조적 활동이 아닌 비-창조적 활동도 잘삶의 요소가 될 수 있다. 예를 들어, 스포츠 활동, 소설 읽기, 숲 속 거닐기, 친구와 대화 즐기기 등은 '활동'에 속하지만 창조적인 활동은 아니다. 그런 활동을 통해서 새로운 것들이 만들어지는 것은 아니다. 그러므로 창조적 활동에 속하지 않는 비-창조적인 활동도 잘삶에 기여하는 요소라고 말할 수 있다. ③ 창조적 활동의 가치를 이타적인 점에서 찾을 수는 있다. 그러나 비-이타적인 활동도 잘삶의 요소가 될 수 있다. 가령, 집에서 하는 일이나 약품 제조에 종사하는 일은 타인에게 이득이 되는 이타적인 활동이지만, 이와 달리 소설 읽기나 숲 속 거닐기와 같은 활동은 주로 자신에게만 이득이 되는 일이다. 따라서 타인에게 이득이 되는 일을 해야만 잘삶이 가능하다고 말하기는 어려울 것이다. ④ 창조적 활동이 사람들에게 필요하다는 말은 일반적으로 할 수 있는 말이다. 그렇지만 창조적 활동이 특정 개인에게 반드시 필요한 것이라고 말하기는 어렵다. 물론 인간 사회가 유지되려면 어떤 형태의 일을 혹은 창조적인 일을 누군가는 해야 한다. 예술가, 과학자, 철학자 등이 창조적인 일을 하지 못한다면 사회가 잘 유지되기는 어려울 것이다. 이 주장은 맞다. 그러나 모든 개인이 그런 창조적인 일에 종사해야만 잘 살 수 있는가? 그렇지 않아도 잘 살 수 있을 것이다. 따라서 사회에 필요한 일 혹은 창조적인 일은 누군가가 하면 되는 것이지, 모든 개인이 반드시 그런 일을 꼭 해야 하는 것은 아니다.

이제까지의 논변을 통해서 우리는 화이트의 반론의 핵심이 어디에 있는지를 알 수 있다. 요컨대, 어떤 의미의 일이든지 그것이 반드시 개인의 (잘)삶에서 필수적인 중심 요소가 되어야 한다는 것이 마르크스의 주장이라고 한다면, 이런 주장의 근거는 미약하다고 말할 수 있다.

2) 애트필드

로빈 애트필드(Robin Attfield, 1984)는 『응용철학저널(Journal of Applied Philosophy)』의 창간호에 실린 그의 논문, 「일과 인간의 본질」에서 다음과 같이 주장한다. 논문의 제목에서 알 수 있는 것처럼, 일은 '인간의 본질(human essence)'에 속한다. 그는 이를 다음과 같이 설명한다.

의미 있는 일과 노동을 구분한다면 … 의미 있는 일은 대다수 사람들에게 자기존중이라는 필수적 선(good)의 기회를 가장 잘 제공해 주고 … 그것은 곧 인간의 잘삶에 필요한 발달, 즉 인간의 본질적 능력의 발휘가 된다. … 취업이 의미 있는 일이나 자기존중과 연결되는 이런 경험적 관련성에서 볼 때 우리는 일의 가치 및 완전고용 계획을 인정해야만 한다.

(Attfield, 1984: 141)

이처럼 애트필드는 일의 가치를 옹호한다. 그는 어떤 사람들에 대항해서 이런 주장을 펼치는가? 애트필드의 견해와 다르게, 일의 가치에 대한 믿음을 의문시하고, 그 대신 여가사회를 옹호하는 사람들이 없지 않다. 애트필드는 그런 사람들의 주장을 비판하고자 했다. 일의 가치에 대해서 의문을 갖는 사람들은 일 자체가 인간의 생존이나 자긍심에 필수적인 것이라고 믿지 않는다. 이들에 따르면, 지난 두 세기에 걸쳐 교육체제와 선전활동을 통해서 일이 인간의 삶의 '주요 목표'로서 강조되었을 뿐, 여가나 여가활용법은 거의 가르쳐지지 않았다. 그 결과 '일의 필요성'이 사람들의 마음속에 각인되고 주입되었다는 것이다. 따라서 이런 노동 윤리는 불필요한 것이며, 사람들로 하여금 여가의 삶을 살아가도록 교육시켜야 한다고 주장한다.

이런 주장을 애트필드는 어떻게 비판하는가? 그는 일이 어떤 점에서 좋은 것인지, 또 일이 없는 사람은 어떤 해악을 겪는지를 밝혀낸다. 일의 가치를 옹호하기 위해서 애트필드는 다음 네 가지 사항을 논의한다. ① 의미 있는 일(meaningful work)이란 무엇인가? ② 일은 어떤 점에서 인간의 자기존중의 주요 기반이 되는가? ③ 일은 인간의 본질과 어떤 관계에 있는가? ④ 일은 어째서 인간의 천부적 권리이며, 이에 따라 국가는 가능한 한 많은 사람들로 하여금 의미 있는 일을 할 기회를 제공해야 하는가? 다음에서 저자는 ②를 제외하고, 다른 세 가지 주장을 차례대로 살펴본 후, 화이트가 이에 대해 어떤 반론을 제시하는지를 검토할 것이다.

첫째, 의미 있는 일이란 무엇인가? 애트필드는 '의미 있는 일'이 무엇인가를 밝히기 위해서 먼저 일과 노동(labor)의 차이점을 밝힌다. 일을 수행하는 사람은 일의 산물을 자신의 목표로 삼지만, 노동을 하는 사람은 주로 노동의 대가, 즉 노동에 대한 보상에 관심을 쏟는다. 일을 하는 경우에는, 사람들은 자신이 수행하는 일의 결과/성과물에 대해 관심을 쏟고, 그 일을 더 높은 수준으로 끌어올리려고 애를 쓰고, 자신의 노력과 에너지를 거기에 투입하고, 그런 일을 마치 자기 자신처럼 대하며, 일의 성과물에 자신을 각인한다. 이 과정에서 일을 하는 사람의 자율성이 발휘된다. 이런 사람은 자신의 일을 어떤 방식으로 수행할 것인가를 결정하는 데에 일정한 발언권을 갖는다. 이와 같이 여러 가지 점에서 일은 노동과 구별될 수 있다. 애트필드는 일의 이런 차별적 특성을 특별히 강조하기 위해서 이와 같은 일을 가리켜서 '의미 있는 일'이라고 표현한다(Ibid.: 143).

둘째, 의미 있는 일은 인간의 본질과 어떤 관계에 있는가? 애트필드는 의미 있는 일의 좋은 점을 인간의 본질과 연결시킨다. 그는, 마르크스처럼 인간의 본질이 생산이라고 믿는다. 또한 생산을 '자유롭고 창의적인 생산 활동'이라고 이해한다. 따라서 자유롭고 창의적인 생산 활동은 '의미 있는 일'과 동일한 것이라고 이해될 수 있으며, '의미 있는 일'은 결국 인간의 본질이 된다. 요컨대, '인간의 본질'로부터 다음과 같은 주장이 논리적으로 도출된다는 말이다. "인간은 … 본질적으로 생산적이며, 오직 생산적 활동에 의해서만 실현된다. … 인간은 본질적 능력을 발휘할 수 있을 때 비로소 잘 사는 것이며, 그렇게 할 수 있어야 이로운 것이다(Ibid.: 145)." "의미 있는 일을 할 수 있다는 것은 반드시 사람에게 이득이 되고, 그런 일을 할 수 없다면 사람은 피해를 보는데 그 피해란 인간으로서 발달하지 못하는 것이다(Ibid.: 148)."

셋째, 일은 어째서 인간의 천부적 권리가 되는가? 의미 있는 일을 하는 능력이 인간의 본질이라고 볼 수 있다. 하지만 그런 능력이 있다는 '사실'로부터 그것이 권리가 되어야 한다는 '판단'이 곧바로 도출될 수는 없다. 따라서 애트필드는 우회적인 방법을 통해서 다음과 같이 주장한다. 즉, "의미 있는 일을 할 기회가 없는 사람은 좋은 삶을 구성하는 요소가 박탈되는 것이기 때문에 사람에게는 의미 있는 일을 할 천부적 권리가 있는 것이다(Ibid.: 148)."

그렇다면 국가가 의미 있는 일을 할 기회를 사람들에게 제공해야 하는 까닭은 무엇인가? 그것은 실제로 그렇게 할 수 있는 것이 국가밖에 없다고 보기 때문이다(Ibid.: 149). 따라서 국가는 창의적이고 또 사회적으로 유용한 일자리를 만들어 내야 한다. 국가는 경제적 생산성을 높이기 위해서 노동자를 해고하거나, 졸업생의 일할 기회를 도외시하면 안 된다. 가능한 한 완전고용을 국가적 목표로 삼고, 의미 있는 일을 할 기회를 창출해 내도록 노력해야 한다.

애트필드의 이와 같은 주장에 대해 존 화이트는 어떻게 생각하는가? 화이트는 다음과 같이 세 가지로 비판한다.

첫째, 의미 있는 일은 인간의 본질적 능력이라고 정의하는 것에 대한 반론이다(White, 1997: 23). 애트필드에 따르면, 본질적 능력이란

'대부분의 인간이 갖고 있는' 능력을 가리킨다. 그러나 대부분의 인간이 갖고 있는 능력 속에는 의미 있는 일만 들어 있는 것이 아니다. 다른 것도 많다. 화이트가 예로 든 것처럼, 햄버거를 먹는 능력, 대중잡지를 보는 능력도 거기에 포함된다. 이런 능력을 인간의 본질적 능력으로 보기는 어려울 것이다. 그렇다면 애트필드는 본질적 능력을 더 엄밀하게 규정해야 한다. 인간의 본질적 능력을 '대부분의 인간이 갖고 있는 능력'이라고만 정의하는 것으로는 불충분하다.

둘째, 본질적 능력과 인간의 잘삶 간의 연관성에 대한 비판이다 (White, 1997: 24). 애트필드에 따르면, "인간의 본질적 능력을 발휘하는 것이 인간의 잘삶에 속한다."라는 명제는 필연적 진리(necessary truth)다. 화이트는 그것이 어째서 필연적 진리인가라고 하면서 의문을 제기한다. 왜냐하면 인간의 본질적 능력에 속하는 것들 중에는 인간의 잘삶에 기여하는 것도 있지만, 그렇지 않은 것도 있기 때문이다. 앞서 지적한 대로, 햄버거를 먹거나 대중잡지를 보는 것도 본질적 능력에 속한다고 할 수 있는데, 이런 일을 하지 않는다고 해서 인간의 잘삶에 큰 영향을 미치는 것은 아니다. 이에 따라 애트필드의 주장을 "인간의 본질적 능력의 일부분은 그의 잘삶에 중요한 요소가 될 수 있다."는 뜻으로 이해한다면 이것은 필연적 진리가 아니다.

셋째, '의미 있는 일'이 인간의 자연적 권리이며, 따라서 완전고용이 국가의 필수적인 정책이라는 주장에 대한 비판이다. 경제체제 속에서 사람들이 하게 되는 일들을 살펴보면, 그중에는 의미 있는 일이긴 하지만 삶의 이상적 목표로 삼을 수 없는 것들도 있다. 그렇기 때문에 완전고용이나 천부적 권리를 말하려면 그보다 더 세밀한 논의가 필요하다.

화이트의 이와 같은 반론 중에는 어떤 면에서 불명확하거나 미흡한 점도 보인다. 저자는 화이트의 반론을 다음과 같이 이해하고자 한다. 애트필드가 말하는 '의미 있는 일'이라는 개념은 '아무 일이나 좋다'는 입장보다 상당히 진전된 주장이다. 그럼에도 의미 있는 일이 인간의 삶에서 필수적인 핵심이라고 주장하는 애트필드의 입장에는 여전히 동조하기 어려운 점이 들어 있다. 다시 말해서, 의미 있는 일이라 할지라도 그것만 하고 사는 삶을 가리켜 잘삶, 좋은 삶, 행복한 삶이라고 말하기는 어렵다는 뜻이다. 이는 인간의 잘삶을 좁게 해석하게 만들고, 인간의 관심을 일에만 쏟게 만들어 버릴 우려가 있기 때문이다. 애트필드가 '인간의 잘삶'을 언급하고 있는 것은 중요한 점인데, 이를 더 넓게 이해한다면 우리는 의미 있는 일 이외에도 인간의 잘삶에 기여할 수 있는 것들이 많음을 알 수 있을 것이다. 예컨대, 의미 있는 일뿐만 아니라 여가시간에 종사할 수 있는 여러 가지 활동도 개인의 잘삶에서 중요한 요소가 될 수 있다. 이렇게 본다면, 애트필드는 일이 사람들의 삶의 중심을 장악하고 있는 현실에서 벗어날 수도 있다는 생각을 놓치고 있다고 말할 수 있다.

3) 노 먼

앞에서 보았듯이, 의미 있는 일을 기본적 필요의 하나로서 옹호하는 관점은 리차드 노먼(Richard Norman)에게서도 나타난다. 이는 그의 저서 『The Moral Philosophers』(1983)에서 찾아볼 수 있다. 여기서 노먼은 그의 논변을 두 가지 방향으로 전개한다. 첫째는 '필요'라는 개념을 통해서, 둘째는 일에 대한 마르크스주의적 관점을 통해서다.

첫째, 노먼은 인간의 필요(human need)를 두 가지로 구분한다. 즉, 신체적 필요와 이보다 "더 상위의 필요(higher needs, Norman, 1983: 238)"로 구분한다. 신체적 필요는 음식, 물, 공기, 옷, 거처, 건강 등을 가리킨다. 이와 같은 신체적 필요가 충족되지 못한다면 생존, 즉 그가 말하는 신체의 효과적 기능은 어려워진다. 그런데 노먼은 이런 생물학적 필요와 연결되는 '더 상위의 필요'를 언급한다. 노먼이 '상위의 필요'에 포함시키는 것은 무엇인가? 그것은 플라톤(Platon)과 아리스토텔레스(Aristoteles)가 말하는 이성과 정서의 조화, 칸트(Kant)가 말하는 인격 존중, 밀(Mill)이 말하는 합리성, 프로이트(Freud)가 말하는 성적 만족, 프롬(Fromm)이 말하는 정체감이나 관계 등을 들 수 있다. 또한 마르크스가 말하는 '의미 있고, 소외되지 않은 일'도 거기에 포함된다(Ibid.: 239).

그렇다면 이런 상위의 필요는 무엇을 위한 것인가? 노먼은 이를 다음과 같이 설명한다. 하나는 정신건강을 위한 것이고, 다른 하나는 행복한, 만족스러운 삶을 위한 것이다(Ibid.: 240-241). ① 정신건강이란 인성의 조화를 가리킨다. 그것은 인간으로 하여금 효과적으로 기능할 수 있게 해 준다. 신체건강을 위해 신체의 효과적 기능이 중요하듯, 정신건강을 위해서는 인성의 효과적 기능이 중요하다. ② 정신이 전혀 배제되거나 아주 기계적인 활동에 사람들이 종사해서는 안 된다고 노먼이 말하는 이유는 그런 활동에서 풍부한 향유와 만족을 찾기가 어렵기 때문이다. 이와 달리 행복하고 만족스러운 삶은 인간의 창조적 능력을 충분히 활용하는 '일'에서 혹은 감성이 풍부한 삶에서 혹은 인간적인 사랑과 연대 속에서 찾을 수 있다.

이와 같은 노먼의 설명에 대해 화이트는 어떻게 생각하는가? 만일 사람들이 정신없는 기계적 활동에만 몰두하고 산다면 이는 그들의 '정신건강'에 해를 끼칠 것이다. 이 점에 대해서는 화이트도 동의한다. 그러나 일이 '잘삶'에 꼭 필요하다는 노먼의 주장에 대해서 화이트는 동의하지 못한다(White, 1997: 26). 왜 그런가? 화이트는 다음과 같이 비판한다. 인간의 지성을 높은 수준에서 활용하는 활동은 인간에게 필요한 것이다. 그런 활동에 속하는 것으로는 예술작품 감상하기, 게임놀이, 재치가 넘치는 대화 등이 있다. 그런데 이런 활동은 일(사물을 생산하는 활동)에 속하는 것이 아니다. 그렇지만 이런 활동을 통해서도 잘삶은 가능하다. 다시 말해서 '생산하는 일'과 관계가 없는 지성적 활동을 통해서도 잘삶(행복)은 가능하다. 그렇다면 인간의 잘삶(행복)을 위해 일이 꼭 필요한 것이라고 주장할 수는 없다. 따라서 "의미 있는 일이 인간에게 꼭 필요한 것이다."는 주장을 입증하는 데 노먼이 아직 성공하지 못했다고 화이트는 비판한다.

화이트는 의미 있는 일이라고 해서 인간의 행복에 꼭 필요한 것은 아니라고 주장한다. 이런 비판에 대해서 노먼은 더 이상 할 말이 없는가? 여기서 노먼은 일에 대한 마르크스의 윤리적 주장을 끌어들인다. 이에 더하여 일이 인간의 삶에서 중심적인 위치를 차지한다는 점을 다음과 같이 상당히 설득력 있게 밝히고 있다.

다른 활동에 비해서 일은 그저 양적으로만 따지더라도 압도적으로 지배적인 위치를 차지한다. 사람들이 자신과 자신의 식구를 먹여 살리기 위해서 하는 일은 그들의 시간의 대부분을 차지하며, 이처럼 큰 비중을 차지하는 일은 그들의 삶의 성격을 전반적으로 규정하는 데 있어서 다른 무엇보다도 큰 역할을 한다. 그렇다면 그것은 불가피한 것이다. 사람들이 수행하는 다른 활동은 대체로 개인의 선택에 달려 있는 문제이지만 일은 (어린이, 노인, 특권층을 제외한) 대다수 사람들의 경우, 자신을 보존하기 위해서 하지 않으면 안 된다. 이런 이유 때문에 일은 인간의 삶에서 공통된 핵심이며, 그들의 삶의 성격을 일반적으로 규정한다. 마지막으로 사람이 하는 일이 그의 삶에서 공적 측면에 속한다는 점은 매우 분명하다. 다른 사람들이 보기에 사람을 규정하는 것은 무엇보다도 그의 일이며, 내가 앞서 강조했던 것처럼, 다른 사람들로부터 인정받는다는 것은 자아실현의 중요한 측면이다. 이 모든 점에서 볼 때, 당신이 무엇인가는 일차적으로 당신이 무엇을 하는가의 문제이고, 당신이 무엇을 하는가는 일차적으로 당신이 무슨 일을 하고 있는가의 문제다.

(Norman, 1983: 177-178)

이 인용문에서 노먼이 주장하는 바는 다음 세 가지로 정리할 수 있다. ① 인간의 삶에서 일이 차지하는 분량은 압도적이다. ② 살기 위해서 일을 하지 않을 수 없다. ③ 내가 하는 일에 따라 내가 무엇인가가 공적으로 확인받는다. 따라서 일은 인간의 삶에서 중심을 차지한다. 이러한 '사실'에 대해서는 화이트도 동의한다. 그러나 화이트는 다시 다음과 같이 묻는다. "어떻게 경험적 사실로부터 긍정적 가치 판단으로 나아갈 수 있는가?(White, 1997: 27)" 화이트의 질문의 요지는, 일이 중심을 차지한다는 사실로부터 일이 중심을 차지해야 한다는 당위가 단순하게 도출될 수는 없다는 뜻이다. 일이 사람들을 지배하고 있어서 다른 가치 있는 활동에 종사하지 못하게 할 정도라는 말이 설령 사실일지라도, 이런 현실을 있는 그대로 받아들여야 하는 것은 아니라는 뜻이다. 화이트에 따르면, 일을 축소시키는 것이 좋을 수 있고, 그렇게 줄이도록 해야 한다고 주장할 수 있다는 뜻이다.

다음에서 노먼의 다른 주장을 살펴보자.

일이 그토록 중심적인 것이라고 말할 수 있는 이유들은 실제로 역
사적으로 달라지는 것이라고 말할 수 있다. 자동 공정이 확대될수록
물질적 필수품의 생산은 점점 더 적은 노동 시간을 요구할 것이고,
따라서 앞으로 사람들이 일에 투입하게 될 시간의 양은 그다지 클
필요는 없을 것이라고 실제로 전망된다고 주장할 수 있다. … 그러
나 … 일은 여전히 사람들의 시간에서 큰 비중을 차지할 것이다.

(Norman, 1983: 178)

여기서 노먼은 자동화의 확대로 인하여 노동시간이 축소되고, 일의
필요성도 줄어들 것이라고 인정하면서도 끝부분에 가서는 여전히 일
이 삶에서 큰 비중을 차지할 것이라고 예상한다. 그렇지만 노먼은 마
지막 주장에 대해 별다른 근거를 제시하지 못한다. 이어서 그는 곧바
로 다음과 같이 말한다.

일을 통한 자아실현이라는 필요는 실제로 역사적으로나 문화적
으로나 특수한 것이다. 그럼에도 불구하고 적어도 우리 사회 안에
서는 아직도 그런 필요가 현실적이고 객관적인 것이라고 주장할 수
있다. 우리의 일이 우리의 정체성을 결정한다는 생각 그리고 그런
일에 자신의 정력을 쏟게 하는 자극 등은 우리 문화에 매우 깊이 스
며들어 있기 때문에, 의미 있는 일이라는 구성요소가 빠질 경우에
삶에서 완전한 만족을 찾을 수 있는 사람은 오늘날 아무도 없을 것
이다.

(Ibid.: 179)

여기서 노먼이 주장하는 바는 다음과 같다. ① '일을 통한 자아실현'이라는 필요는 보편적 현상이 아니라 특정 시대의 산물이다. ② 그럼에도 불구하고 그런 필요는 현실적으로 누구도 벗어날 수 없는 객관적 사실이다. 노먼의 이런 주장에 대한 화이트의 비판은 여전히 비슷하다. "일이 우리의 문화 속에서 헤게모니를 차지하고 있다."는 사실로부터 "일이 잘삶(자아실현)의 필요다."는 평가적 결론은 쉽게 도출되지 못한다. 이와 달리 비록 일이 현대의 문화에서 헤게모니를 차지하고 있는 것이 사실이라 할지라도 이런 식으로 일에 집착하지 않도록 하는 것이 오히려 인간의 잘삶(행복)에 기여할 수 있다고 말할 수 있다. 따라서 화이트는 일이 우리의 정체성을 결정짓고 있는 현실로부터 과감히 벗어날 것을 주장한다(White, 1997: 28).

4) 세이어즈

『Radical Philosophy』(1987: 46, Summer: 17-26)에는 신 세이어즈 (Sean Sayers)의 글, 「일의 필요성: 철학적 견해」가 수록되어 있다. 이 글에서 세이어즈는 다음과 같이 주장한다.

> 일은 오늘날 하나의 필요로서 주관적으로 느껴지고 있다. 그것은 '삶에서 **가장 중요하게** 원하는 것(life's prime want)'은 아닐지라도, 핵심적으로 원하는 것, 즉 필요다.
>
> (Sayers, 1987: 741; 저자 강조)

다음에서는 세이어즈가 일을 어떻게 정의하는지를 먼저 살펴보고, '일이 인간의 필요'라는 그의 주장을 어떻게 논변하는지를 살펴본다.

세이어즈는 일을 다음과 같이 세 가지로 정의한다(Ibid.: 726). 첫째, 일은 가장 추상적이고 일반적인 수준에서 볼 때 활동에 속한다. 인간은, 최소한 근대사회에서는 활동적일 필요가 있다. 일자리가 없다는 것은 활동이 없다는 것이요, 생활시간의 틀이 비틀어진다는 것을 의미한다. 둘째, 일은 생산적 활동이다. 일을 한다는 것은 인간이 여러 가지 필요를 충족시키기 위해서 객관적 세계에 변형을 가하는 능력을 발휘한다는 것을 의미한다. 일의 생산물을 통해서 필요를 충족시키는 것은 유용한 목적에 속한다. 셋째, 일은 그 근대적 형태에 있어서, 대체로 사회적 활동이다. 일은 사람들로 하여금 가정을 벗어나서 다른 사람들과 접촉하게 만든다. 사람들과 협동하는 사회적 과정을 통해서 산출되는 것은 많은 사람들에 의해 사용된다. 이렇게 볼 때 일은 인간의 사회생활, 정체성, 존재감의 주요 기반이며, 공동체의 기반이 된다.

세이어즈는 "일이 인간의 필요에 속한다."라는 주장을 어떻게 논변하는가? 그의 논변은 다음과 같은 몇 가지 단계를 거쳐서 전개된다. 첫째, 공리주의나 고전경제학의 밑바탕에 깔려 있는 쾌락주의적 인간관에서는 일을 고통스러운 것으로 간주한다. 그러나 일에 대한 태도를 경험적으로 연구한 바에 따르면, 사람들은 대체로 일을 좋아하고 일에서 만족을 느낀다(Ibid.: 723). 따라서 일은 인간의 심리를 위해 긍정적 역할을 한다고 볼 수 있다.

둘째, 근대적인 일에서 소외와 불만족이 나타나고 있음을 지적하면서 그런 일이 어째서 인간에게 필요가 될 수 있겠느냐고 비판하는 사람들이 많다. 그런데 세이어즈에 따르면, 그런 소외 현상은 '일이 필요하다'는 점이나 혹은 '일에서의 만족이 필요하다'는 점을 전제해야 비로소 제대로 이해될 수 있는 현상이다(Ibid.: 725).

셋째, 근대의 여성 운동에서 밝혀진 것처럼, 여성도 일을 내면적 필요라고 느낀다. 이는 여성이 그저 생계의 수단으로서만이 아니라 일 그 자체를 목적으로 느낀다는 뜻이다. 그렇다면 여성도 남성과 마찬가지로 일, 직업, 취업을 필요로 한다고 볼 수 있다(Ibid.: 728).

넷째, 일하는 시간을 최소한으로 줄이고, 여가시간을 늘려야 한다고 말하면서 일로부터의 해방을 주장하는 사람들이 있다. 이에 대해 세이어즈는 다음과 같은 반론을 제시한다(Ibid.: 729-730). 즉, 모든 종류의 일을 아예 부정적으로 바라보는 것도 잘못이다. 일(직업)이 없이 만족스럽게 살 수 있는 사람은 소수에 지나지 않는다. 은퇴한 노인이나 가사에 얽매여 살아가는 여성은 여가시간이 많을지라도 심각한 심리적 고충을 겪는다. 따라서 대부분의 사람들은 일로부터 진정한, 중요한 만족을 얻는다고 볼 수 있다.

다섯째, 일이 인간에게 필요한 것이라고 생각하는 것 자체가 특정 사회의 역사적 산물이므로 그것은 '거짓된' '인위적인' 필요일 수 있다고 주장하는 사람들이 있다. 그러나 이런 주장에 대해 세이어즈는 다음과 같은 반론을 제시한다(Ibid.: 736). 마르크스도 인정하듯이, 인간 본성, 인간의 능력, 인간의 필요 등이 모두 역사적으로 달라지는 것이긴 하지만, 그것들은 모두 노동이라는 본질적인 인간 활동의 산물이다. 그런 역사적 변화가 사실일지라도, 현대사회에서 일이 실질적이고 근본적인 필요라는 점을 부정할 수 있는 근거가 되는 것은 아니다.

여섯째, 일을 통해서 충족될 수 없는 활동이나 필요를 추구하기 위해서 그리고 휴식과 재충전을 위해서 여가를 옹호하는 사람들이 있는

데, 이들은 일을 여가로 대체하자고 주장한다. 이에 대하여 세이어즈는 노동시간의 축소와 임금의 인상에 대해 찬동하면서도, 여가가 일을 대체할 수 있는 상반된 것이 아니라 일을 보완해 줄 수 있는 것으로 보아야 한다고 주장한다(Ibid.: 738).

일곱째, 일의 가치를 비판적으로 보는 사람들은 노동 윤리(work ethics)의 쇠퇴를 언급하고 있는데, 세이어즈는 이것이 오히려 정치적으로 악용될 소지가 있음을 지적하면서 다음과 같이 주장한다(Ibid.: 738). 그것은 실업자로 하여금 실업 상태를 체념하게 만들고, 소외받고 있는 노동자가 갈망하는 만족스러운 일에 대한 욕구를 환상이라고 비난하며, 여성에게 가정에서 벗어나지 말라고 하는 주장이나 다름이 없다. 따라서 삶에서 일의 중요성을 부정할 것이 아니라 일할 필요성이 인간 본성의 본질적인 부분이라는 점을 인정해야 한다.

이와 같은 논변을 통해서 세이어즈가 말하고자 하는 핵심은 무엇인가? 이는 "사람들을 일로부터 해방시키자는 것이 아니고 자본주의 체제의 … 제약으로부터 일과 생산력과 인간을 해방시키자(Ibid.: 740)."는 것이다. 다시 말해서, 근대 산업의 거대한 생산 잠재력은 인간 해방을 위한 잠재력이며, 이런 잠재력은 기본적 필요를 충족시키는 데 사용되어야 할 뿐만 아니라, 일하는 날의 축소를 포함해서 보다 인간적인 노동 여건을 만들어 내는 데에도 사용되어야 한다는 뜻이다. 이와 같은 세이어즈의 주장에 대해서 화이트는 다음과 같이 세 가지로 비판한다.

첫째, 일에 대한 세이어즈의 정의가 협소하다고 지적한다(White, 1997: 28). 세이어즈는 일이 '유용한 목적'을 위해서 추구하는 활동이라고 정의한다. 그의 정의에 따르면, 어떤 일이 유용하다는 말은 그것이 어떤 목적을 위한 수단이라는 뜻이다. 그러나 화이트는 유용하지 않은 일도 있음을 지적한다. 화이트는 어떤 목적을 위한 수단이 아닌 일이 있다는 점을 다음의 두 가지 사례로 보여 준다. 예를 들어, 예술작품을 생산하는 것은 어떤 목적을 위한 수단이라고 말하기가 어렵다. 음악이나 시와 같은 예술작품은 어떤 것을 위한 수단이 아니라 그 자체로서, 내재적으로 흥미 있는 것이다. 이를 도외시하는 사람들은 예술이나 문학을 가리켜서 '쓸데없는 일'이라고 말한다. 또한 군대나 학교에서는 간혹 아무 쓸모도 없는 일을 군인/학생에게 쉴 틈 없이 시키기도 하는데, 이런 일을 가리켜서 인간의 필요를 충족시키는 데 유용하다고 말하기는 어렵다. 물론 그것을 가리켜 복종심을 길러 내는 훈련이라고 강변하는 사람도 없지 않다. 이 두 가지 사례를 통해서 화이트가 말하는 바, 일 중에는 유용한 목적을 위해 추구하는 활동이 아닌 것도 있고, 그중에는 바람직한 것도 있고 바람직하지 않은 것도 있다. 이런 여러 활동을 제외시키고 있다는 점에서 세이어즈의 일에 대한 정의는 협소하다고 말할 수 있다.

둘째, 세이어즈가 일의 필요성을 주장하는 근거는 무엇인가? 물론 앞서 살펴보았듯이 세이어즈는 일의 필요성을 인간의 본성에서 찾지 않는다. 그는 보편적이고 영원한 인간의 본성이 있다고 생각하지 않는다. 인간의 본성은 역사적으로 변화한다. 산업사회가 되기 전에는 일을 할 필요성이 크게 나타나지 않았다. 산업사회가 되면서 비로소 일과 일의 미덕이 새롭게 강조되기 시작했다. 그런데 화이트는 산업사회에서 일이 새롭게 강조되었고, 개인이 일에 대한 윤리적 태도를 비로소 갖게 되었다는 점을 사실로 받아들인다. 그럼에도 불구하고 화이트는, 일이 인간의 필요에 속한다는 규범적 주장은 그런 사실로부터 도출되는 것이 아니라고 비판한다(White, 1997: 29). 규범적인 주장을 내세우기 위해서는 별도의 근거가 필요함에도 불구하고, 세이어즈는 그 근거를 제대로 대지 못하고 있다.

셋째, 세이어즈는 일의 필요성을 단순히 전제하기만 할 뿐, 사람들로 하여금 일의 속박으로부터 벗어나게 해야 한다는 생각에는 전혀 미치지 못하고 있다고 화이트는 지적한다(Ibid.: 29). 세이어즈에 따르면 "사회주의가 요구하는 것은 일로부터 인간을 해방시키는 것이 아니라 자본주의 체제 … 로부터 일을 해방시키는 것(Sayers, 1987: 740)"이다. 그러나 화이트는 '일로부터 인간을 해방시키는 것'을 경시하는 세이어즈의 입장에 동의하지 못한다. 왜냐하면 화이트는 일이 개인의 삶을 지배하는 현실, 특히 개인의 삶의 시간을 온통 차지하고 있는 현상에 주목한다. 화이트는 개인의 자율성을 옹호하는 자유민주주의적 입장에서, 일이 개인의 삶의 중심을 차지하고 개인의 삶의 시간을 지배하는 것에 대해서 이의를 제기한다.

지금까지 일 혹은 '의미 있는 일'이 인간의 필요에 속한다는 주장을 마르크스주의적 관점에서 옹호하는 철학자들의 견해를 두루 살펴보았다. 화이트에 따르면 그런 주장은 근거가 희박하다. 그런데 마르크스주의가 아닌 다른 사상적 관점에서도 일을 옹호하는 견해가 나타나게 된다. 화이트는 이런 견해에 속하는 사상가로 시몬 베유와 에디너 슈워츠를 말한다. 시몬 베유는 기독교적 관점을, 에디너 슈워츠는 자유민주주의의 관점을 갖고 있다.

5) 베 유

시몬 베유(Simone Weil)는 교직에 종사하다가 그만두고 파리 근처의 여러 공장에서 비숙련 노동자로 일한 적이 있다. 거기서 그녀가 일하면서 겪었던 지겨움, 단조로움, 특히 비인간성 등은 그녀의 '공장 일'이라는 글에 생생하게 담겨 있다. 이 글에서 베유는 일과 노동을 뚜렷하게 구분하지 않는다.

화이트(White, 1997: 30)의 지적에 따르면, 일에 대한 그녀의 체험은 공장에서 벗어나지 못한다. 다시 말해서, 공장 밖에서 인간이 할 수 있는 바에 대해 그녀는 관심을 갖지 않았다. 따라서 일(노동)에 대한 베유의 시각은 다른 사람들, 예컨대 한나 아렌트(Hannak Arendt)와 다르다. 아렌트는 일과 노동을 구분하면서, 노동보다 일을 높이 평가한다. 또한 앙드레 고르(Andre Gorz)[2]는 노동시간을 단축시키고 일로부터 해방됨으로써 잘삶(행복)을 추구할 수 있다고 주장했다(Gorz, 1985: 61-63; White, 1997: 30 재인용; Gorz, 1980/이현웅 역, 2011: 152-168). 이와 달리 시몬 베유는 공장 안의 일에 대해서만 생각한다. 이러한 베유의 생각은 다음에서 엿볼 수 있다.

---

2) 앙드레 고르의 사상은 화이트의 교육철학에서 상당히 중요한 부분을 차지하고 있고, 이 장의 '2. 일에 대한 철학적 비판론'에서 따로 다루어야 하는 것이지만, 저자의 능력 한계 때문에 그렇게 하지 못했다. 우리나라에 번역된 고르의 저서[임희근 역 (2007). D에게 보낸 편지; 이현웅 역(2011). 프롤레타리아여 안녕; 임희근, 정혜용 역 (2015). 에콜로지카]나 고르에 관한 연구(문순홍, 2013; 신승원, 2010)가 있으나, 이 장의 주제와 관계가 가장 깊은 문헌은 고르의 다음 책이다. Gorz, A. (1985). *Paths to Paradise: on the Liberation from Work*. London: Pluto Press.

모든 개혁이나 변혁의 체계는 잘못된 방향을 취하고 있다. 그러한 것들이 실현된다고 할지라도 악은 그대로 남을 것이다. … 어떤 자는 우스꽝스러울 만큼 과장해서 노동시간의 단축을 부르짖는다. 그러나 대중을 하루 2시간의 노예가 되는 게으름뱅이 집단으로 만든다는 것은 설령 가능하다 해도 바람직한 것은 아닐 것이며, 물질적으로는 가능할지라도 정신적으로는 불가능한 것이다. 2시간만 노예가 되는 것을 받아들일 사람은 아무도 없을 것이다. … 노동을 자극하는 요인을 바꾸고, 각 노동자와 공장의 관계, 노동자와 기계의 관계를 감소시키거나 근절시키며, 또 일하는 중에 시간의 흐름에 대한 인식이 근본적으로 바뀌게 할 필요가 있다.

(Weil, 1977: 66/이재형 역, 1983: 141-142)

여기서 우리는 베유가 생각했던 문제점이 무엇인지를 짐작할 수 있다. 베유가 보았던 문제점은 노동 여건의 노예적 성격이다. 그러나 화이트가 지적한 것처럼(White, 1997: 30), 공장 일의 시간이 많다는 점은 그녀에게 문제로 인식되지 못했다. 이는 다음과 같은 글에서도 마찬가지다.

자기가 하고 있는 일이 공장의 모든 생산 단계에서 어떤 역할을 하고 있으며, 자기 공장이 사회에서 어떤 위치를 차지하고 있는가를, 노동자가 매일 매순간 분명히 안다면 이야기는 달라질 것이다. 만일 지하철 기계 장치의 일부분이 될 놋쇠 조각을 프레스 위에 놓는 것이 노동자의 작업이라면 그는 그것에 대해서 알아야 하며 … .

(Weil, 1977: 70/이재형 역, 1983: 142)

인용문에서 베유의 관심사는 다른 데에 있다. 즉, 일하는 노동자들로 하여금 작업의 전 과정을 이해하고, 또 작업이 기여할 사회적 목적을 이해하게 함으로써 고립된 과정의 굴레에서 벗어나게 할 수 있어야 한다는 것이다. 다시 말해서, 일하는 노동자들로 하여금 자신의 속도에 맞추어 보다 자율적으로 일하고, 자신이 하는 일을 미래의 의미 있는 목표와 연결시킴으로써 현재의 노예가 되지 않도록 한다는 점이 중요하게 부각되고 있다. 이런 생각은 다음과 같은 글에서도 엿볼 수 있다.

> 문제의 해결책은 노동자에게 각각 부여되는 업무가 공장 전체의 기능에서 어떤 부분을 차지하는지에 대해서뿐만 아니라 공장 전체에 대한 작업반의 그리고 작업반에 대한 각 노동자의 자율성을 어느 정도 허용해 주는 공장의 조직에 대해서도 얼마간 알아야 함을 암시한다. … 각 노동자는 장차 1주일 혹은 2주일 동안 해야 할 일에 대해서 어느 정도 알아야 … .
>
> (Weil, 1977: 70/이재형 역, 1983: 146)

베유의 말처럼 그런 점들이 공장 노동자에게 이익이 될 것이라는 생각은 틀리지 않다. 그런데 첫째, 베유는 노동시간의 단축이 게으름뱅이를 낳는 것이라고까지 표현한다. 화이트는 여기서 의문을 느낀다. 어째서 베유는 노동시간의 단축에 대해 그처럼 무심했는가? 화이트는 노동시간의 단축은 노동자로 하여금 자기만의 시간을 갖고 무엇인가를 할 수 있게 만든다고 생각한다(White, 1997: 31).

둘째, 베유는 인간의 삶에서 단조로움의 가치를 부정하지 않는다.

이런 점은 다음과 같은 글에서 드러난다.

> 시간과 리듬은 일의 모든 문제에서 가장 중요한 요인이다. 여기서 문제는 일 자체가 아님은 확실하다. 일에 단조로움과 지겨움이 들어 있는 것은 어쩔 수 없으며 또한 당연한 것이다. 게다가 어떤 영역이건 간에 지상에서 사람들이 이루어 놓은 것들 중에서 단조롭거나 지겹지 않은 것들이 얼마나 되겠는가? 그레고리안 성가나 바흐의 콘체르토는 오페라보다 더 단조롭다. 우리는 존재하는 세계에 던져져 있으며, 그저 피와 살로 이루어져 있으며, 영원의 밖으로 내던져져 있다. 그리고 우리는 실제로 1분 1초를 고통스럽게 보내지 않을 수 없다. 이런 고통이 우리의 몫이며, 일의 단조로움이란 단지 그런 고통의 일종일 뿐이다.
>
> (Weil, 1997: 69/이재형, 1983: 145)

이처럼 베유는 단조로움 자체를 문제로 보지 않는다. 그녀가 느꼈던 문제는 시계의 톱니바퀴처럼 맞물려 돌아가는 매 순간에 느낄 수 있는 종류의 단조로움인 것처럼 보인다. 그렇다면 여기서 베유가 강조하는 것은 무엇인가? 그것은 노동자가 현재의 일과 나중의 일을 서로 연결시켜 볼 수 있어야 한다는 점이다. 이와 달리 화이트는 공장 일의 단조로움 그 자체를 문제점으로 생각한다(White, 1997: 32). 음악 속의 단조로움과 일 속의 단조로움은 성격이 서로 다르다. 음악 속에 투입된 단조로움은 미적 가치를 갖는 것이기 때문에 작곡자가 의도적으로 창조한 것인 반면에, 공장 일의 단조로움은 사람들이 달갑게 여기지 않는 것이어서 윤리적 가치가 있는 것으로 보기는 어렵다.

화이트는 베유가 노동시간의 단축을 중시하지 않고, 오히려 일의 단조로움을 수용했던 이유를 그녀의 기독교적 관점에서 찾는다(Ibid.: 32). 베유는 인간의 삶을 고통스러운 여정이라고 보는 것 같다. 베유는 스스로 단조로운 일을 견디면서, 그 고통을 승화시킴으로써 고귀한 단계로 오르고자 했는지 모른다. 베유의 노동관 속에는 타락한 인간의 삶이란 눈물의 계곡을 거치지 않을 수 없다는 기독교적 인간관이 들어있는지 모른다. 그렇지만 화이트는 묻는다. 인간으로 하여금 눈물의 계곡에 들어있는 온갖 고통에서 벗어나게 하는 것도 기독교 정신이 아닐까? 이렇게 생각해야 비로소 어떤 일이건 간에 인간의 삶에서 일이 중심을 차지해야 한다는 생각에서 벗어날 수 있다.

6) 슈워츠

에디너 슈워츠(Adina Schwartz)는 『Ethics』(1982: 634-646)에 「의미 있는 일(Meaningful Work)」이라는 논문을 게재하였다. 이 글에서 그녀는 시몬 베유가 언급한 바와 아주 유사한 문제점을 다음과 같이 지적한다.

> 사람들로 하여금 정해진 행동만 하도록 고용되는 일자리에서는 … 목적을 구상하거나, 그런 목적을 달성하는 수단을 결정하거나 혹은 경험에 비추어 그런 목표와 방법을 조절할 기회가 거의 주어지지 않는다. … 심지어 그런 일을 하는 순서, 일하는 속도 그리고 구체적인 신체적 움직임까지도 … 대체로 타인의 결정에 의해 크게 정해진다. … 누구도 이런 종류의 일을 하도록 고용되어서는 안 된다.
> (Schwartz, 1982: 634-635)

이 인용문을 보면, 베유와 슈워츠의 관심사가 비슷함을 알 수 있다. 그런데 베유는 기독교의 관점을 갖고 있고, 슈워츠는 자유민주주의의 관점에 속한다. 따라서 슈워츠는 "정의로운 사회는 모든 구성원들을 자율적 행위자로서 존중한다(Ibid.: 635)."는 점을 강조한다. 사회 구성원을 자율적 주체로서 존중한다는 것은 그들에게 광범위한 자유를 부여한다는 뜻이다. 슈워츠가 강조하는 자율성은 무엇인가? 이 점을 먼저 살펴본 다음에 그가 어떤 주장을 밝히고 있는가를 살펴보겠다. 앞에서 저자는 마르크스주의자들의 견해를 두루 검토했기 때문에 여기서는 자유민주주의적 견해를 갖고 있는 슈워츠를 비교적 자세하게 논의해 볼 것이다.

개인은 어떤 경우에 자유로운 인간 혹은 자율적 인간이 되는가? 슈워츠에 따르면, 개인은 자신의 삶에서 스스로 원하는 바에 대해 자신의 총체적 견해를 합리적으로 형성하고 이에 따라 행동할 때, 그만큼 자유로운 인간, 자율적 인간이 된다(Ibid.: 635). 물론 원래의 목표에 잘못이 있거나 상황이 변할 때, 자신의 견해를 바꿀 수 있어야 한다. 자율적인 삶이란 개인이 처한 상황에 단순히 반응만 하는 삶은 아니다. 그것은 자신의 목적들을 성취하기 위해 효과적으로 계획하는 삶이다. 따라서 자율적 주체는 자신의 결정에 대해 책임감을 갖고, 자신의 목표에 맞는 행동을 합리적으로 선택하고, 그런 선택의 결과에 따라 목표와 방법을 수정할 수 있어야 한다. 또한 자율적 주체는 자신의 결정과 타인들의 결정의 차이점을 알고, 이런 차이가 여러 가지 사실적 믿음이나 규범적 신봉으로부터 어떻게 생겨나는가를 이해하는 데에도 관심을 가져야 한다. 이에 따라 자율적 주체는 자신의 믿음, 방법, 목표 등을 계속 유지할 것인지 아니면 수정할 것인지를 합리적으로 결정하려고 시도할 것이다. 이렇게 볼 때, 자율성의 정도는 개인이 지적이고 주체적인 삶을 영위하는 정도에 비례한다. 그렇다면 자율성에서 중요한 것은 '얼마나 많은 결정을 내리는가'가 아니라 '어떤 종류의 결정을 내리는가' 하는 점이다. 즉, 자율적 주체의 행동은 여러 가지 대안들을 잘 파악하는 합리적 선택에 기반을 두어야 하며, 이런 선택들은 서로 관계가 없는 것들이 아니라, 자신의 삶의 목적에 관한 총체적 견해 속에서 서로 연결된 것이어야 한다(Ibid.: 636).

슈워츠가 설명한 자율성에 따른다면, 앞서 제시한 인용문에서 그가 비판적으로 지적한 일들을 하는 것은 자율적 행위가 못 된다. 그런 일들은 자율적 인간의 품위에 맞지 않는다. 슈워츠는 자신의 생각에 대해 다음과 같은 비판이 나올 것으로 예상하면서 그에 대한 반론을 제시한다.

첫째, "개인이 하는 일이 그의 삶의 전부는 아니다(Ibid.: 636)."는 비판이 나올 것이다. 그렇다면 일하는 시간에 노동자가 자율적인가 아닌가에 크게 신경을 쓸 필요는 없을 것이다. 개인이 상당히 많은 시간을 기계적인 일에 종사할 경우, 그에 대한 적절한 보상이 생길 수 있다고 하자. 그렇다면 기계적이거나 타율적인 일을 한다고 해서 이것 때문에 개인의 삶 전체가 타율적인 것이 된다고 말할 수는 없을 것이다. 이와 같은 비판에 대해서 슈워츠는 경험적 측면과 개념적 측면에서 반론을 제시한다.

경험적으로 볼 때, 심리학자나 사회학자들은 다음과 같은 연구결과를 제시한다. 즉, 주로 기계적인 활동만 하는 직업에 오랜 시간 종사한 사람들을 연구한 결과에 따르면, 일하지 않는 다른 시간에서도 자신의 계획을 수립, 실행, 조절하는 능력/흥미가 떨어지는 경향이 있다고 한다

(Ibid.: 637). 그렇다면 노동시간에 스스로 계획, 실행, 조절하는 기회가 거의 없다면, 이는 개인의 자율적인 삶에 지장을 초래한다고 볼 수 있다.

개념적으로 볼 때, 자율성이란 삶의 총체적 특성을 가리킨다. 그것은 삶의 특정 영역에만 나타나는 특성이 아니다. 자율적인 인간이 된다는 것은 "인성의 통합 과정이다. 즉, 개인이 추구하는 모든 것들이 자신의 계획 활동에 속하는 것이며, 그가 경험하는 모든 것들이 그의 믿음, 방법, 목적들을 평가, 조정하는 기반을 제공해 준다는 것임을 알게 되는 과정이다(Ibid.: 638)." 그렇다면 개인으로 하여금 노동시간에 자율적으로 행동하는 것을 가로막고, 그 대신 여가시간에나 자율적 행동을 허락한다는 것은 사회 구성원의 자율성 발달에 관심이 없는 것이나 다름없다. 따라서 자율성을 위해서는 통합된 삶을 추구하도록 장려해야 한다.

그렇다면 슈워츠는 각 개인의 자율성을 통합적으로 발달시키기 위해서는 노동현장이 어떻게 바뀌어야 한다고 보는가? 그녀는 산업화와 분업의 상호 연관성에 주목하면서, 산업사회에 들어와서 더 강화된 세부적 · 위계적 분업에 대한 대안이 필요하다고 주장한다(Ibid.: 640). 실제로, 주로 전문 경영자는 업무를 조정 · 계획하는 지적 기능을 수행하고, 노동자는 그들이 구체화해 놓은 사무나 서비스와 같은 일을 몸으로 수행한다. 슈워츠는 이런 분업 체제가 근본적으로 바뀌어야 한다고 주장한다. 물론 단조로운 업무를 교대시키거나 민주적 의사결정에 노동자가 참여하도록 해야 하겠지만, 경영자와 노동자의 위계적 관계가 존속되어서는 안 된다는 것이다. 그녀에 따르면, "직무를 민주적으로 재설계하고, 과업을 공유하게 함으로써 결정하는 자와 그 결정을 따르는 자의 구분이 없어지게 만들어야 한다(Ibid.: 641)." 합리적으로 계획을 수립, 조정, 추구하는 기회를 모든 노동자에게 제공하기 위해서는 정보와 정책을 공유할 기회도 제공되어야 한다. 이렇게 함으로써 모든 개인이 각자의 일에서 자율적으로 행동하고, 또 자율성이 발달되도록 촉진할 수 있다는 말이다.

슈워츠는 이와 같은 급진적인 반론에 대해서 또 다른 비판이 제기될 것으로 예상한다. 첫째, 그것은 실행 불가능한 방안이다. 둘째, 그것은 실행 가능할지라도 비효율적인 방안이다.

첫째, 실행 불가능하다고 보는 쪽에서는 "기계 기술이 분업을 요구한다."라고 주장할 것이다. 이에 대해 슈워츠는 어떻게 반론하는가? 그녀는 기계 기술이 발달하기 이전에도 세부적인 분업이 요구되지도 않았고, 그 이후에도 꼭 세부적인 분업이 요구되는 것은 아니라고 언급한다(Ibid.: 642). 둘째, 실행 가능할지라도 비효율적이라는 주장에 대해 슈워츠는 어떤 반론을 제시하는가? 그녀에 따르면, 독재자가 언론의 자유를 제한하는 것이 효율적이라고 말할 때에는 대체로 독재자의 선호와 목표가 효율성의 기준으로 등장한다. 그렇다면 무엇을 위해서 또는 어떤 점에서 비효율적인가가 밝혀져야 한다. 혹자는 이윤 하락을 기준으로 생각하면서, 슈워츠의 방안이 비효율적이라고 말할 것이다. 그렇다면 자유인의 발달을 가로막으면서 특정인의 이윤을 증대시키는 것이 얼마나 정당한가? 이렇게 그녀는 되묻는다. 또한 국가 전체의 생산 수준이 하락할 수 있다는 비판도 제기될 수 있다. 이에 대해 슈워츠는 다음과 같이 주장한다. 사회의 생산성이 '어느 정도' 높아져서, 사회 구성원 전체에게 여가, 교육 기회, 건강과 물질적 기반을 어느 정도 제공할 수 있을 경우에 그 이상의 경제성장을 요구하는 것은 자율성의 존중에 어긋난다. 왜냐하면 슈워츠는 "개인의 자율적 삶에 필요한 자유와 노동 조건을 박탈하면서까지 생산성 증가를 추구해서는 안 된다 (Ibid.: 644)."고 보기 때문이다. 여기서 '어느 정도'가 당연히 논란거리로 남을 것이다. 뿐만 아니라 슈워츠의 정책을 국가가 공적으로 추진해야 하는가, 아니면 국가가 아닌 다른 데에 맡기는 것이 적절한가와 같은 문제도 제기될 수 있다. 이에 대해 슈워츠는, "만일 우리가 모든 사람을 자율적 주체로 존중한다면 우리는 정부의 조처를 요구해야 한다(Ibid.: 646)."고 말한다.

흥미롭게도, 자유민주주의자인 슈워츠의 이와 같은 주장에 대해 사회주의자인 리차드 아네슨(Richard Arneson)은 반대 입장을 밝힌다. 아네슨은 『Ethics』(1987: 517-545)에 게재된 그의 논문, 「의미 있는 일과 시장사회주의(Meaningful Work and Market Socialism)」에서 슈워츠가 자율성과 '의미 있는 일'을 기반으로 삼아 분업의 철폐와 참여민주주의를 주장하고 있는데, 이는 근거가 불충분한 주장이라고 반박한다. 아네슨은 시장사회주의(market socialism)에서는 분업 철폐나 참여민주주의가 아닌 다른 방안이 바람직하다고 주장한다. 그렇다면 아네슨은 '의미 있는 일'을 어떻게 생각하며, 또 어떤 논변을 펼치는가?

아네슨은 '의미 있는 일'을 다음과 같이 정의한다.

> 내가 말하는 의미 있는 일이란 흥미롭고, 지적 능력과 주도력을 요구하고, 일하는 사람에게 어떤 방식으로 일을 수행할 것인가를 결정하는 상당한 자유뿐만 아니라, 일하는 과정의 성격에 대해서 그리고 일하는 기업이 추구하는 정책에 대해서 민주적 발언도 허용하는… 일이다.
>
> (Arneson, 1987: 522)

그런데 아네슨은 '의미 있는 일을 할 권리(right to meaningful work)'를 두 가지, 즉 강한 의미와 약한 의미로 해석한다. 아네슨에 따르면, 강한 해석이란 '의미 있는 일을 가질 권리(right to have meaningful work)'로 이해하는 것이다. 약한 해석은 '의미 있는 일을 가질 수도 있고 갖지 않을 수 있는 선택의 권리(right to have the option of having meaningful work)'로 이해하는 것이다(Ibid.: 523).

첫째, '의미 있는 일을 가질 권리'란 어떤 것인가? 여기서 의미 있는 일은 모든 사람에게 허용되어야 하고, 또 각 개인의 삶에서 언제나 제공되어야 하는 것으로 이해된다. 이런 강한 해석은 경제체제 안에서 모든 사람의 직무가 의미 있는 수준에서 흥미로운 것이 되도록 하는 방향으로 국가가 공공정책을 추진해야 한다는 점을 시사한다. 이런 강한 해석을 옹호하는 사람이 슈워츠라고 한다면, 이와 달리 아네슨은 다음과 같은 약한 해석을 옹호한다. 둘째, '의미 있는 일을 가질 수도 있고 갖지 않을 수도 있는 선택의 권리'란 어떤 것인가? 실제로 '의미 있음'의 정도 혹은 내재적 만족의 정도는 직무마다 각기 다를 수 있다. 내재적 만족도가 높은 직무가 있는 반면 낮은 직무가 있을 경우에, 전자를 선택할 수 있을 뿐만 아니라 후자를 선택할 수도 있을 것이다. 다시 말하면, "의미 있는 일을 받아들일 수도 있고 거부할 수 있는 자유로운 선택의 기회가 보장되어야 한다(Ibid.: 524)."는 뜻이다. 그렇다면 노동자는 의미 있는 일을 일정한 시기에만 하고, 다른 시기에는 의미 없는 일도 맡아서 할 기회가 허용될 수 있다. 이렇게 해서 전체적으로 노동시간을 줄일 수 있다면, 줄어든 시간만큼 개인적인 프로젝트를 추구할 시간을 확보할 수 있다. 다시 말해서, '의미 없는 일'을 하는 대신, 그에 대한 보상으로 여가시간이 늘어난다면 그리고 의미 있게 놀거나 다른 활동에 종사할 수 있도록 충분한 자원이 제공된다면 기꺼이 의미 없는 일을 선택할 사람도 생길 것이다.

아네슨은 약한 해석의 '의미 있는 일을 할 권리'를 부분적으로 옹호하고 있는 셈이다. 그의 주장의 근거가 되는 시장사회주의를 여기서 자세하게 논할 수 없다. 아네슨은 그의 논문에서 인간이 '일로부터 얻을 수 있는 다양한 재화'를 열거하고 있는데, 이 목록이 약한 해석을 간접적으로 뒷받침해 주는 것으로 볼 수 있다. 따라서 아네슨이 제시하는 재화의 목록을 간단히 살펴보고자 한다(Ibid.: 528-529). 일로부터 우리가 얻을 수 있는 재화(goods)는 다음과 같이 다양하다.

- 현재나 미래에 소비재와 교환될 수 있는 임금
- 일하는 동료나 고객과 갖는 즐거운 동료애
- 특정한 재화나 서비스를 생산하면서 타인에게 인간적으로 유용하다는 점이나 혹은 타인의 핵심 필요를 충족시키는 데 기여하고 있다는 점을 알게 되는 것
- 분별력, 기능, 지능 등을 요구하는 흥미롭고 도전적인 일
- 재정적인 혹은 신체적인 모험을 감행하는 긴장
- 성공적 수행을 위해 귀중한 덕목들을 요청하는 책임 있는 일
- 기업 활동이나 그런 활동의 과정과 연결되는 어떤 대의명분에 공동으로 헌신함으로써 생기게 되는 동료와의 연대
- 작업하면서도 즐겁게 노닥거릴 수 있는 여유, 혹은 작업과 작업 사이에 잠깐 쉴 수 있는 여유
- 자신의 일에서 창의성과 독창성을 발휘할 수 있는 기회
- 작업자가 받아들이거나 인정하는 표준에서 탁월성을 보여 주도록 유도하는 장려금과 인센티브

- 자신이 수행한 작업의 양이나 질에 대해서 얻어듣는 칭찬
- 기업의 활동에 관한 결정에 참여할 수 있는 기회
- 작업의 속도, 방식, 작업 성과물의 처리 등에 관한 자유로운 통제
- 작업자들의 다수 의견에 따라 운영되는 회사에서 향유할 수 있는 민주시민적 권리
- 성공적인 지도자·관리자가 되는 즐거움
- 사사건건 간섭받지 않고 일을 적절하게 수행할 수 있게 해 줄 신뢰
- 만일의 경우를 대비해서 모아 두는 돈

물론 일에서 이처럼 좋은 점만 생기는 것은 아니다. 이런 장점들과 반대되는 단점들도 많이 나타날 것이다. 어떤 장점을 얻기 위해서는 어떤 단점을 받아들일 수 있을 것이다. 일의 장점과 단점을 적절하게 혼합함으로써 다양한 재화 중에서 어떠어떠한 부분을 얻어 내겠다는 판단을 내릴 수 있다. 실제로, 다원주의 문화 속에서 살아가는 사람들이 제각기 선호하는 삶의 방식이나 삶의 계획은 아주 상이할 것이다. 또한 인생계획을 실행하는 데 필요한 자원도 아주 다양할 것이다. 어떤 경우에는 단조롭고 지루하고 위계적이고 복종적인 일을 수용하는 것이 위와 같은 다양한 자원을 얻는 데 유리할 수 있다. 이렇게 생각한다면, 슈워츠가 강조하는 좁은 의미의 '의미 있는 일'에 들어 있는 장점은 그 중 일부에 지나지 않는 것이다.

아네슨이 슈워츠의 견해에 반대하는 또 다른 근거는 슈워츠의 주장을 따르는 국가가 가부장적일 수 있다고 보기 때문이다. 다시 말해서, 자율적 선택자라고 한다면 슈워츠가 말하는 '의미 있는 일'을 선택할 수도 있고, 이와 달리 그녀가 비판하는 '판에 박힌 일'도 선택할 수 있

어야 한다. 그런데 슈워츠가 제안하는 국가의 조처는 전자의 선택만을 허용한다. 아네슨은 시장사회주의(Ibid.: 534)를 따르는 사회에서는 일정한 자격을 갖추지 못하는 사람들이 반복적이고 지루하고 무의미한 일을 선택하도록 허용될 수 있다고 말한다. 여기서 아네슨은 그런 일을 하는 사람들에게는 관련된 정보가 충분히 제공되고, 또 모종의 보상이 제공되어야 한다는 단서를 분명히 달고 있다. 그래야 그런 일을 선택하는 사람들도 재능이나 자격이 있는 사람들과 마찬가지로 삶의 전망을 유리하게 펼쳐 갈 수 있기 때문이다. 설령, 재능 있는 사람들조차도 보상의 이득이 주어진다면 무의미한 일을 선택할 가능성도 없지 않을 것이다.

화이트는 슈워츠와 아네슨의 관점이 서로 다를지라도, 자유민주주의의 핵심 가치인 개인의 자율성(personal autonomy)을 기반으로 삼아 각자의 주장을 옹호하고 있는 점에 주목한다(White, 1997: 34). 슈워츠는 기계적인 일이 인간의 자율성과 존엄성에 위배된다고 하면서 그런 일을 제거할 것을 주장하는 반면, 이와 반대로 아네슨은 자율적 인간이라면 기계적인 일조차도 합리적으로 선택할 수 있도록 허용되어야 한다고 주장한다. 여기서 화이트는 양자의 중간 지점에서 자신의 입장을 다음과 같이 정리한다(Ibid.: 34). 일반적으로 말해서, 유쾌하지도 않고, 또 정신적으로 나쁜 영향을 미치는 일을 장기적으로 하고 싶어 하는 사람들은 거의 없을 것이다. 따라서 생존을 위해서 어쩔 수 없이 그런 일을 오랫동안 해야 하는 사람들이 생기지 않도록 이런 경우를 법적으로 금지하는 것이 오히려 타당할 것이다.

그런데 화이트는 슈워츠와 아네슨의 또 다른 문제점을 지적한다(Ibid.: 35). 화이트는 두 사람이 관심을 쏟지 않고 있는 점을 비판한다.

아네슨은 타율적인 일도 선택의 대상이 될 수 있음을 밝히는 데 골몰하고, 슈워츠는 주로 '기계적인 일'의 문제점을 부각시키는 데 주목하고 있다. 그러나 그들은 타율적인 일이 너무 많은 점 그리고 타율적인 일이 인간의 삶에서 중심을 차지하고 있는 점에 대해서 무관심하다. 물론 슈워츠는 민주적 의사결정 과정을 도입함으로써 판에 박힌 단조로운 일에서 벗어날 수 있는 가능성을 밝혀내려고 시도했는데, 이처럼 기계적인 일이 줄어들 가능성을 밝힌 점은 중요하다. 그렇지만 화이트는 슈워츠의 입장에 대해 다음과 같이 문제를 제기한다. 모든 노동자들이 회사/기업의 결정 과정에 민주적으로 참여할지라도, 회사/기업의 주요 목표가 그대로 노동자 개인의 삶의 목표가 될 수 있는가? 그렇지 않을 것이다. 예컨대, 슈퍼마켓에서 사용되는 트롤리(수레)를 제작하는 회사에서 일하는 사람의 경우를 생각해 보자. 트롤리 제작이 그의 삶의 목표가 될 수 있는가? 아마 그렇지 않을 것이다. 그렇다고 한다면, '일하는 과정에서 자율성이 확대된다'는 것과 '일하는 사람의 삶 자체가 자율적인 삶이 된다'는 것은 서로 별개의 것이라고 말할 수 있다. 다시 말해서, 전자가 후자를 보장해 주지는 못할 것이다. 슈워츠의 말대로 "자율성이란 삶에서 사람들이 원하는 바가 무엇인가에 대한 총체적 생각을 합리적으로 형성하고 이에 따라 행동하는 것을 가리킨다(Schwartz, 1982: 635)." 그렇다면 사람들이 삶에서 주로 원하는 바는 어떤 것일까? 흔히 사람들이 원하는 것은 세속적인 성공, 행복한 가정생활, 우정, 존중, 지적·예술적 활동, 사회적 실천 등등일 것이다. 트롤리 제작이 이런 것들처럼 삶의 주요 목적에 끼어들기는 어려울 것이다. 트롤리 공장에서 일하는 사람일지라도 트롤리 제작이 그의 인생의 목표가 되기는 어렵다. 따라서 화이트는 일하는 과정에서 허용되는 자율성, 즉 '일에서의 자율성(autonomy in work)'은 그 사람의 자율적 삶(autonomous life)과 다른 것이라고 강조한다(White, 1997: 36). 요컨대, 회사/기업의 주요 목표가 그대로 개인의 삶의 주요 목표가 되기는 어렵다는 말이다.

2. 일에 대한 철학적 비판론

오늘날 인간의 삶에서 중심을 차지하고 있는 것이 일이다. '열심히 일하자!' '열심히 공부하자!' 등이 바람직한 구호로 난무한다. 그런데 이런 일은 주로 타율적인 일이다. 다시 말해서, 진정으로 하고 싶은 일이 아닌 경우가 대부분이라는 뜻이다. 그럼에도 불구하고, 일이 삶의 중심을 장악하고 있는 현상과 현실을 있는 그대로 당연한 것으로 받아들이고 있다. 이런 경향이 오늘날 우리의 생각, 행동, 태도뿐만 아니라 사회의 제도와 정책에도 강하게 스며들어 있다. 다시 말해서, 이런 경향이 개인생활, 노동정책, 교육문화 등에서 강하게 나타나고 있다.

앞 절에서 '일의 중심성'을 당연시하는 철학자들을 살펴보았다. 그들은 노동자의 참여, 의미 있는 일을 할 권리, 일의 필요성 등을 주장하면서 '일의 중심성'을 당연시했다. 그런데 그들의 이런 입장은 오늘날, 어떤 점에서 볼 때 그들과는 아주 다른 입장에 서 있는 사람들에 의해서도 옹호되고 있다. 여기서 다른 입장에 있는 사람들은 누구를 가리키는가? 이들은 수많은 경제학자, 경영학자, 자본주의 옹호자 등이다. 이들은 "일을 삶의 중심에 둔다."는 점에서 앞서 살펴보았던 철학자들과 비슷하다. 물론 구체적으로는 아주 다르다. 즉, 이들에게 노동자는 생산의 도구로 간주된다. 노동자가 오랜 시간 일을 할 필요가 있다고 강조하는 이유는 성과, 즉 이윤 증대 때문이다. 따라서 그들은 '일의 축소'나 '일로부터의 해방'을 그다지 중시하지 않는다. 그럼에도 '일의 중심성'을 강조한다는 점에서는 두 집단이 비슷하다고 말할 수 있다.

일의 중심성이 정상인가? 그것은 옳은 일인가? 다르게 변화할 수는 없는가? 여기서 우리는 '일의 중심성'에 대해 비판적 태도를 보여 준 철학자들을 찾게 된다. 아렌트, 니체, 러셀에게서 이런 비판적 태도를 엿볼 수 있다.

1) 아렌트

이제까지의 논의에서 예외가 있었지만, 노동(labor)과 일(work)이 철저하게 구분되지는 않았다. 그런데 한나 아렌트(Hannah Arendt)는 그녀의 책, 『인간의 조건(Human Condition)』(1996)에서 노동과 작업(일)[3]을 다음과 같이 구분한다.

> 노동(labor)은 사람의 몸의 생물학적 과정에 상응하는 활동이다. 사람의 몸은 자연적으로 성장하고 신진대사를 거치면서 마침내 부패하는데, 이 과정에서 사람은 노동을 통해 생산되어 삶의 과정에 투입되는, 핵심적으로 필수적인 것들에 의존한다. … 작업(work)은 사람의 삶에서 자연적이지 않은 것들에 상응하는 활동이다. 이런 활동은 인간이라는 종에서 반복되는 생활 주기에 의해 생기는 것도

---

3) 이진우와 태정호는 『인간의 조건』(1996)에서 'work'를 '작업'으로 번역하였다. 한나 아렌트에 관해서 논의할 때 저자는 그들의 번역을 따른다.

아니고, 인간의 사멸성을 보상해 주는 것도 아니다. 작업은 모든 자연적 환경과 완전히 구별되는 '인공적' 사물들의 세계를 제공해 준다. 그런 인공적인 세계의 경계 안에서 각 개인은 살아가는데 이 세계 자체는 그들보다 더 오래 지속되고 초월하는 것으로 이해된다.

(Arendt, 1958: 7/이진우, 태정호 공역, 1996: 55-56; 저자가 일부 수정)

이 인용문에서 '노동'과 '작업(일)'의 구분이 아주 명확하게 드러나지는 않지만, 대체로 다음과 같이 이해할 수 있다. '노동'이란 인간이 살아가는 데 필요한 것, 즉 음식이나 의복과 같은 것을 생산하는 것과 관계가 있다. 그런 것은 곧바로 소비되고, 끊임없이 보충되어야 하는 것이다. 이와 달리, '작업'으로 생산되는 것들은 인간이 사용하지만 여러 세대를 거쳐 영속된다. 그런데 화이트는 아렌트가 구분하는 '노동'과 '작업'의 개념이 불분명하다고 보고, 이런 구분의 유용성에 대해 비판적이다. 그렇다면 화이트는 아렌트의 구분에 어떤 문제점이 있다고 생각하는가?

먼저, '노동'부터 살펴보자. '노동'의 분명한 사례는 농작물을 기르기 위해 논밭을 가는 일 혹은 방직 공장에서 기계를 돌보는 일이다. 여기서 노동의 기준은 몸을 사용하고, 삶에 필요한 것을 생산한다는 점이다. 그렇다면 의복 공장이나 식품 공장의 관리자들은 어떤가? 이들은 팔다리가 아닌 머리를 주로 사용하기 때문에 '노동'한다고 말할 수없다. 또한 아렌트는 노동을 '인간의 몸의 생물학적 과정에 상응하는 활동'이라고 말한다. 그렇다면 텔레비전이나 컴퓨터 부품을 조립하는 일을 노동이라고 말할 수 없을 것이다. 이렇게 두 가지 사례만 보더라도 아렌트가 노동을 설명하는 기준은 일정하지 않다(White, 1997: 39).

아렌트는 노동을 설명하면서, 삶의 필수적인 것들의 생산, 신체 작업, 소비재의 생산, 생계유지를 위한 작업 등 여러 가지 기준을 임의적으로 사용한다. 만일 이처럼 여러 기준을 끌어들인다면 노동자가 아닌 사람은 없을 것이다. 다시 말해서, 교사, 판사, 벌목꾼, 여성 승무원 등이 모두 노동자에 속할 것이다. 결과적으로 아렌트의 말처럼, "노동과 구분되는 작업에 종사하는 사람은 예술가 밖에 남지 않을 것이다(Arendt, 1958: 127/이진우, 태정호 공역, 1996: 184)."

화이트는 아렌트의 '작업'이라는 개념에 대해서도 의문을 제기한다(White, 1997: 39). 작업의 전형적인 사례는 장인이다. 장인이 만든 대형 시계나 수레와 같은 물건은 오래 사용된다. 또한 장인과 같은 작업자는 "손 도구에 전적으로 의존한다(Arendt, 1958: 144/이진우, 태정호 공역, 1996: 202)." 그런데 미술품이나 시를 창조하는 예술가나 학자도 작업자에 속한다. 왜냐하면 이들이 창조해 놓은 것들이 오랜 시간 남아 있기 때문이다(Ibid.: 147, 149/Ibid.: 226). 그렇다면 '손 도구'를 능숙하게 사용하는 것이 예술가, 시인, 역사가, 건축가, 작가 등에게 얼마나 중요한 것인가? 캐비닛을 만드는 사람들과는 달리, 역사가나 시인이 '손 도구'를 능숙하게 사용한다고 말하기는 어렵다. 따라서 '손 도구'의 사용이라는 기준에 따르면 역사가나 시인은 작업자(제작자)라고 말할 수 없다. 여기서 역사가나 시인이 하는 일은 아렌트의 한 가지 기준에 따르면 '작업'이 되고, 다른 기준에 따르면 '작업'이 되지 못한다. 따라서 아렌트의 '작업'을 판별하는 기준은 명확하지 못하다.

또한 '노동'과 '작업'이라는 구분은, 화이트가 보기에 "일이 인간의 삶에서 차지하는 점(White, 1997: 39)"을 검토하고자 할 때 그다지 유용한 것이 못된다. 그렇다고 해서 아렌트의 구분이 그런 점에서 전혀 무의미한 것은 아니다. 실제로 근대 문화 속에서 타율적인 일이 중심을 차지하고 있는데, 이런 현실에 대해 아렌트가 비판적 입장을 보여 주고 있다는 점은 중요하다. 이 입장을 밝혀 보려면 '노동'과 '작업'이라는 구분이 아렌트의 사상에서 어떤 위상을 차지하는지를 조금 더 살펴볼 필요가 있다.

아렌트의 사상에서는 '노동'과 '작업' 뿐만 아니라 '행위(action)'라는 개념이 서로 구분된다. 이 세 가지는 그녀가 말하는 '활동적 삶(*vita activa*)'의 구성요소다. 또한 '활동적 삶'은 '사변적 삶(*vitacon templativa*)'과 대립되는 개념이다. 이런 개념들을 가지고 아렌트가 『인간의 조건』에서 밝히려고 했던 점은 무엇인가? 아렌트는 서양의 역사에서 그리스 시대 이후로 '사변적 삶'과 '활동적 삶'의 우선순위가 바뀌었고, 그리고 '활동적 삶'에서도 노동, 작업, 행위 간의 우선순위가 바뀌었음을 역사적으로 분석해 낸다. 아렌트의 분석에 따르면, 예컨대 그리스 시대에는 '행위(정치적 삶)'가 '활동적 삶'에서 지배적 가치를 차지했었다. 그런데 시대가 바뀌면서 '행위'보다는 '작업'과 '노동'이 오히려 지배적 가치로 등장했다. 17세기에 들어와서 '사변적 삶'보다 '활동적 삶'이 우위를 차지하게 되면서 '작업'이 새롭게 중시되었다. 다시 말해서, 그 이전까지 '사변적 삶'이 우위를 차지했는데, 그 이후로는 활동적 삶에 속하는 '작업'이 그 자리를 차지하게 된 것이다. 그런데 근대 초기의 서구 세계에서 도구화가 점점 더 진행되었고, 이에 따라 서구인에게는 제작인(*homo faber*)과 연관되는 도구, 인공적 산물의 생산 그리고 수단-목적 범주 등에 대한 확신이 높아졌다. 결과적으로 '작업'보다는 '노동'이 우위를 차지하게 되었다. 따라서 '제작인'보다는 '노동하는 동물(*animal laborans*)'이라는 인간관이 산업주의, 마르크스주의, 소비사회 속에서 우위를 차지하게 되었고, 마침내 제작은 예술가의 '작업'으로 한정되고 말았다.

이처럼 아렌트는 인간의 조건이 어떻게 달라졌는가를 역사적으로 분석했다. 화이트(1997: 38)에 따르면, 아렌트가 그런 변화에 대해서 명확한 윤리적 판단을 내리지 않고 있으나, 그녀의 『인간의 조건』의 제6장의 끝부분에서 '제작인의 패배'와 '노동하는 동물의 승리'를 논하면서 다음과 같은 윤리적 판단을 암시하고 있다. 노동이 지배함으로써 인간경험이 상실되었다. 근대에 들어와서 인간의 활동이 전례 없이 활발해졌지만 결국에는 아주 메마른 수동성으로 귀착되고 말았다. '노동'이 없다면 인간의 삶 자체가 불가능하기 때문에 '노동' 자체를 전적으로 부정할 수는 없지만, 근대적 인간관에서 '노동'이 중심을 차지하게 된 것을 아렌트는 유감스럽게 생각한다(Arendt, 1958: 208/이진우, 태정호 공역, 1996: 320-326). 화이트는 아렌트가 근대 문화에서 노동이 삶의 중심을 차지하고 있음을 비판했다는 점을 긍정적으로 받아들인다(White, 1997: 39).

2) 니체와 러셀

일의 중심성에 대해서 아렌트보다 더 명확하게 비판적인 철학자가 있다. 니체(Nietzsche)와 러셀(Russell)이 그랬다. 먼저 니체는 그의 저서, 『즐거운 학문(The Gay Science)』(1974)에서 다음과 같이 말한다.

> 여러 덕(근면, 순종, 순결, 경건, 정의 등과 같은)은 그런 덕을 소유한 이들에게 대부분 해로운 것이다. … 사람들은 근면이 시력을

손상시키고 정신의 독창성과 참신성을 훼손함에도 불구하고 근면한 사람을 칭찬해 준다. … 사람들은 죽을 때까지 일하는 청년을 다음과 같은 판단에 따라 떠받들면서 이와 동시에 애석해한다. "사회 전체로 볼 때, 최고의 개인을 잃는 것 역시 작은 희생에 불과하다! 그런 희생이 필요하다는 것은 좋은 일이 아니다! 그러나 더 좋지 않은 일은 개인이 생각을 바꾸어 사회에 봉사하는 것보다 오히려 자신의 보존과 발전을 더 중요하게 여기는 것이다!" 따라서 사람들이 애석해하는 것은 이 청년 개인이 아니라 그의 죽음을 통해서 헌신적이면서 자신을 전혀 돌보지 않는 도구를—이른바 착한 사람을 잃어버렸기 때문이다. … 맹목적 근면 … 은 부와 명예에 이르는 첩경 …으로 제시된다. 그러나 사람들은 그것이 지니는 위험성, 그 최고의 위험성에 대해서는 입을 다문다. 교육은 철저하게 그런 방식으로 이루어진다. 교육은 여러 가지 매력과 이득을 나열함으로써 개인에게 한 가지 사고방식과 행동방식을 주입시키려고 한다. 이것이 습관, 충동, 정열이 되어 버리면 그의 궁극적 이익에 반대되는 보편적 선이 그의 안과 위에서 그를 지배하게 된다.

(Nietzche, 1974/안성찬, 홍사현 공역, 2005: 91-93; 저자가 일부 수정)

여기서 니체는 근면이 마치 부와 명예에 이르는 첩경인 것처럼 가르치는 것에 대해서 아주 위험한 일이라고 질타한다. 그 이유는 맹목적인 근면이 결국에는 '개인의 보존과 발전'이라는 궁극적 이익에 해로운 것이라고 보기 때문이다. 그런데도 교육을 통해서 사람들은 근면이 사회에 봉사하며, 보편적 선에 기여하는 사고방식이요 행동방식이라고 가르친다.

이와 같은 비판적 입장은 러셀에게서도 찾아볼 수 있다. 러셀은 『게으름에 대한 찬양(In Praise of Idleness)』(1960)에서 다음과 같이 말한다.

세상에는 너무나 일이 많고, 근로가 미덕이라는 믿음에 의해 엄
청난 해악이 발생한다. … 근로의 도덕은 노예의 도덕인데 현대 세
계는 노예제도를 필요로 하지 않는다. 원시 공동체의 경우 … 처음
에, 전사와 사제들은 힘으로 강제하여 농부를 생산에 종사하게 하
고 잉여를 내놓게 만들었다. 그러나 시간이 흐르면서 … 열심히 일
하는 것이 농부의 본분이라는 윤리를 받아들이도록 유도할 수 있다
는 점을 깨달았다. 이런 방법을 쓰게 됨으로써 강제력을 사용할 경
우가 줄어들고 이에 따라 지배에 드는 비용도 축소되었다. … 의무라
는 개념은 역사적으로 볼 때 권력을 가진 자들이 그렇지 못한 자들
에게 자기 자신의 이익이 아니라 주인의 이익을 위해 살도록 유도하
는 수단으로 이용되었다. … 만일 사회를 현명하게 조직해서 아주
적절한 분량만을 생산하고 근로자가 대체로 하루에 4시간씩만 일
하게 한다면 모두에게 충분한 일자리가 생겨날 것이고 실업이란 것
도 없어질 것이다. 이러한 생각은 부자들에겐 충격이다. … 작업은
우리의 생존에 필요한 것이긴 하지만 인간의 삶의 목적이라고까지
강조할 필요는 없다.

(Russell, 1960/송은경 역, 2012: 15-27; 저자가 일부 수정)

러셀의 이 인용문에서 우리는 다음의 세 가지 사항에 주목하게 된
다. 첫째, 노동 시간을 크게, 즉 그의 말대로 4시간으로 줄여야 한다는
주장이다. 현대의 생산 방식은 우리가 모두 편안하고 안전하게 살아갈
가능성을 열어 주었음에도 불구하고, 우리는 한쪽 사람들에겐 과로를,
다른 쪽 사람들에겐 굶주림을 주는 방식을 채택했다. 둘째, '근로(일)'

라는 개념이 '의무'라는 개념과 연결되어 있다는 지적이다. 일은 인간의 삶을 속박하는 핵심 의무다. 의무와 일은 서로 연결되어 인간의 삶의 중심을 차지했다. 셋째, 생존에 필요한 작업을 가리켜서 인간의 삶의 목적이라고까지 강조할 필요가 없다는 판단이다. 인간의 삶의 목적, 즉 잘삶(행복)은 작업 밖에서도 찾을 수 있다.

화이트는 니체와 러셀의 비판적 발언을 끌어들이면서, 일이 삶의 중심을 차지해야 하는 것은 아니라는 자신의 윤리적 주장을 내세운다. 이와 동시에, 그는 자신의 주장을 입증하기 위해서, 현실적으로 일이 삶의 중심에서 멀어지고 있는 사실도 함께 지적한다. 물론 사실을 지적하는 것이 윤리적 주장의 논변을 대체할 수 있는 것은 아니다. 그렇지만 그런 사실은 그런 윤리적 주장이 실현 불가능한 것은 아님을 분명히 보여 준다. 화이트(1997: 43)에 따르면, 우리가 익히 알고 있는 것처럼, 실업률이 높아도 이를 전적으로 개선시킬 수 있는 방안을 찾기가 쉽지 않다. 따라서 완전고용을 노동정책으로서 주장하기가 상당히 어렵다. 그 결과 고용되지 못한 채 살아가야 하는 사람, 개인적 관심을 추구하기 위해 일정 기간 자발적인 일을 찾아 나서는 사람, 어쩔 수 없이 혹은 자발적으로 시간제로 일하는 사람, 일찍 은퇴하여 연금으로 살아가는 사람이 많다. 그들은 '삶이 곧 일'이라는 것과 실제로 멀어져 있다. 이와 아울러, 평생직장이라는 관념도 사라지고 있다. 물론 이런 현실이 무조건 바람직하다는 말은 아니다. 우리는 실업자, 비정규직, 조기 은퇴자 등이 겪고 있는 힘든 현실에 무관심할 수 없다. 이런 고충에 대한 대책은 나름대로 만들어져야 한다. 다만, 일이 삶의 중심에서 멀어지고 있는 것이 사실이라면 "삶의 중심을 차지하고 있는 일로부터 우리가 벗어나야 한다."는 규범적 주장이 불가능한 것은 아님을 인정할 수 있다. 그렇다면 이런 주장이 어떤 면에서 바람직한 것인가를 밝혀내야 하는 과제가 남아 있다.

3) 화이트

이제까지 일에 대한 여러 철학자들의 사상과 이에 대한 화이트의 비판을 살펴보았다. 화이트의 여러 가지 비판에서 그의 핵심 주장을 엿볼 수 있는데, 이를 다음과 같이 네 가지로 정리할 수 있다.

첫째, 일과 관련된 여러 가지 '사실'로부터 일이 중요하다는 '규범적 주장'이 단순하게 도출되는 것은 아니다. 화이트가 지적한 것처럼, 도구를 제작하고 사용하는 일이 인간의 특성이고(마르크스), 생산하는 일이 문화 속에서 헤게모니를 차지하고 있고(노먼), 산업사회에서 유용한 목적에 기여하는 일이 강조되고 있다(세이어즈)는 여러 가지 '사실'로부터 그런 일이 인간의 삶에서 핵심이 되어야 한다는 규범적 주장이 쉽게 도출되기는 어렵다.

둘째, '일의 중심성'으로부터 탈피해야 한다는 사고방식은 중요하다. 화이트가 지적한 것처럼, 일의 필요성을 단순히 전제한 나머지 일의 속박으로부터 벗어나야 한다는 생각을 하지 못했거나(세이어즈), 노동의 단조로움을 체념적으로 받아들임으로써 노동시간의 축소를 미처 생각하지 못했거나(베유), 노동 과정에서의 민주적 참여를 강조하느라 타율적인 일의 축소를 중시하지 못했거나(슈위츠) 하였다.

셋째, 일이 '잘삶'의 필수적 요소가 아니라고 말하는 이유는 잘삶에 기여하는 활동 중에는 일 이외에 다른 활동들이 많이 있으며, 또한 일에 속하는 것들 중에는 잘삶에 기여하지 못하는 것들도 있기 때문이다.

화이트가 지적한 것처럼, 창조적인 일(마르크스), 생산하는 일(노먼), 의미 있는 일(애트필드)이 옹호되었지만 그런 일에 속하지 않는 활동도 삶에 기여할 수 있다. 또한 일을 가리켜서 인간의 본질적 능력(애트필드), 유용한 목적에 기여하는 것(세이어즈)이라고 정의했으나, 그런 일에 속하는 것들 중에는 잘삶의 핵심 요소가 되기 어려운 것들도 있다. 이런 문제점과는 별도로, 일의 필수성을 입증하기 위해서이긴 하지만 잘삶(좋은 삶, 행복)이라는 상위의 개념을 도입한 것(애트필드)은 주목해야 할 점이다.

넷째, 일이 사회에 필요한 것이라고 할지라도 개인에게 꼭 필요한 것이라고 말할 수는 없다. 화이트가 지적한 것처럼 창조적 활동이 사회적으로 필요하다고 하지만(마르크스), 그런 활동에 종사하는 사람들이 있으면 되는 것이지 모든 개인이 반드시 그런 활동에 종사해야 하는 것은 아니다. 여기서 화이트가 '개인'의 잘삶이라는 관점에서 일의 필요성을 비판하고 있는 것은 중요한 점이다.

이처럼 일에 대한 화이트의 사상에서는 활동, 개인의 잘삶, 자율성, 타율성이 중요한 역할을 하고 있다. 이런 개념들을 통해서 일에 대한 화이트의 사상이 어떤 것인가를 조금 더 살펴보기로 한다.

첫째, 화이트는 일을 어떻게 정의하는가? 화이트는 다음과 같이 말한다.

> 일이란 활동의 일종이다. … 아무것도 하지 않는 것은 일하는 것
> 이 아니다. … 의자에 앉아 낮잠을 자거나 햇볕을 쬐고 누워 있는 것
> 과 같은 수동적인 즐김은 일이 아니다. … 온갖 형태의 활동이 모두

일이 되는 것은 아니다. 시골길을 산책하기는 일이 아니고, 현악 사중주를 듣는 것도 일이 아니다. 이런 사람들은 그런 활동만 하는 것이지 그 이외에 어떤 최종 산물이 나오도록 해야 하는 것은 아니다. … 이런 점에서 그런 활동은 … 구두를 만들거나 아이들을 가르치는 일과는 다르다. … 일의 개념에 관해서 이야기할 수 있는 어떤 '보편적' 이고 또 '객관적' 인 것이 **있는** 것처럼 보인다. 즉, 일이란 어떤 최종 산물을 낳기 위한 활동을 가리킨다. 이 최종 산물은, 소파나 마이크로칩과 같은 물질적 대상일 수 있고, 타인이 학습하도록 도와주거나 머리를 잘라 주는 것과 같은 서비스일 수 있고 혹은 어떤 이론적인, 실천적인, 예술적인 문제를 해결하는 것일 수 있다. … 이런 맥락에서 볼 때, '활동' 은 단일한 행위를 뛰어넘는 것이다. 만일 이웃에 살고 있는 사람이 자동차를 고치는 데 필요한 도구를 내가 빌려준다면, 이는 설령 내가 어떤 최종 산물(차를 고침)을, 즉 이 경우에는 서비스 제공을 염두에 둔 행위일지라도, 그런 단일한 행위를 가리켜서 '일' 이라고 말하지는 않는다. 이와 달리 이웃 사람이 자동차를 고치는 것을 도와주는 행위를, 그냥 좋아서 혹은 돈 벌기 위해서, 더 많이 하게 된다면 그만큼 나의 행위는 일에 가까워질 것이다. … 나는 인간의 잘삶에서 그리고 교육에서 일이 차지하는 위치에 관심을 갖고 있으며, 이를 위해서는 그 정도로 아주 일반적인 수준에서 일을 설명하는 것으로 충분할 것이다.

(White, 1997: 4; 원문에서 강조)

여기에 나타난 일의 정의는 다음과 같다. 일은 활동의 일종이다. 일은 어떤 최종 산물을 낳기 위한 활동이다. 일이라는 활동은 단순한 행위가 아니다. 일에 대한 이런 일반적 정의는 인간의 잘삶 및 교육에서 일의 가치를 밝히는 데 충분하다.

그렇다면 화이트는 인간의 잘삶과 교육에서 '일의 가치'를 어떻게 밝혀내고 있는가? 먼저 '개인의 잘삶'에서 일은 어떤 가치를 갖는가? 이에 대한 화이트의 생각은 다음과 같이 정리할 수 있을 것이다.

첫째, 개인은 누구나 행복, 즉 잘삶을 추구한다. 잘삶은 여러 가지의 가치 있는 활동들로 구성된다. 일은 그런 활동 중 하나다. 즉, 일을 통해서 잘삶은 가능하다. 그러나 다른 활동을 통해서도 잘삶이 가능하므로 일이 반드시 잘삶의 필수조건이어야 하는 것은 아니다(Ibid.: 52).

둘째, 일은 잘삶의 한 가지 요소가 될 수 있다. 그렇다면 현대의 자유민주주의 사회에서 일은 개인에게 의미 있는 것이어야 한다. 의미 있는 일이란 개인이 자신의 주요 목표로서 선택하는 일, 즉 자율적인 일이다(Ibid.: 5-6). 개인에게 의미가 없고, 억지로 해야 하는 일은 타율적인 일이다. 자율적인 일인가 아니면 타율적인 일인가는 그 일을 개인이 자신의 삶의 목표로서 선택하는가에 따라 구분된다.

셋째, 그뿐만 아니라 '일을 하는 조건'에 따라서 자율성과 타율성이 또 다시 구별된다(Ibid.: 7). 일을 하는 조건이란 노동자가 자신의 일을 조직하는 방법을 선택할 수 있는 풍부한 여지를 갖고 있는가를 가리킨다. 이에 따라서 '일에서의 자율성'과 '일에서의 타율성'이 구분된다. 이런 의미의 자율성과 타율성은 개인이 주요 목표로서 선택하는 것이 아니기 때문에, 잘삶에 중요한 요소가 되지 못한다.

넷째, '타율적인 일'이나 '일에서의 타율성'이 완전히 제거될 수 없으므로 어쩔 수 없이 해야 하는 경우가 있는 경우에는 그에 따른 시간적, 금전적 혹은 다른 보상이 주어져야 한다(Ibid.: 54). 이럴 경우에 개인은 그와 같은 보상을 활용하여 자신의 잘삶을 도모하기 위해 타율성을 수용할 수 있다. 그러나 타율적인 일이나 일에서의 타율성이 과도할 경우에 개인의 잘삶은 힘들어지므로 가능한 한 줄이도록 해야 한다.

그렇다면 일에 대한 화이트의 견해는 교육 문제와 어떻게 연관되는가? 이 주제는 이 책의 제2장 이하에서 자세히 다루고 있으므로 여기서는 '일과 교육의 연관성'을 두 가지 방향에서 간단하게만 언급하고자 한다. 첫째, 교육의 사회적 역할을 가리킨다(Ibid.: 74). 이는 과도하게 일에 매몰되어 있는 사회에서 벗어나기 위해서 교육이 적절한 역할을 할 수 있어야 한다는 것이다. 둘째, 학교교육의 변화를 가리킨다(Ibid.: 97). 이는 '일의 중심성'으로부터 벗어난 새로운 사회에 걸맞게, 학교교육도 학생으로 하여금 일과 같은 공부에 지나치게 매몰되지 않고 참된 학습을 경험하도록 변혁되어야 한다는 것이다.

일에 대한 화이트의 해석에 대해서 어떤 비판이 나타났는가? 해거(Paul Hager)는 하이랜드(Terry Hyland)와 함께 쓴 글, 「Vocational Education and Training」에서 다음과 같이 비판한다.

> 화이트는 일에 대한 다양한 철학적 해석에 대해서 대단히 훌륭한 분석을 제공하고 있다. 그러나 … 화이트는 교육과 일을 서로 다른 영역의 것으로 정의한다. 그 결과, 아마도 의도한 결과는 아니겠지만 화이트의 지적 틀에서 일은 교육에 비해 시시한 것이고, 따라서 일에서 생기는 학습의 가치는 크게 드러나지 않는다.
> (Hager & Hyland, 2003: 285/김희선 역, 2008: 267; 저자가 일부 수정)

여기서 세 가지 주장이 드러난다. 화이트의 지적 틀에서는 ① 교육과 일이 서로 다른 영역으로 정의되고, ② 일은 교육에 비해 시시한 것으로 이해되며, ③ 일에서 생기는 학습의 가치가 경시되고 있다. 이를 차례대로 살펴본 후에 해거의 비판을 평가해 보고자 한다.

첫째, 해거의 생각에 따르면, 교육과 일은 중요한 점에서 서로 중복되는 것이다. 그런데 화이트의 일반적·추상적 정의에서는 그런 점이 누락되고 있다(Hager, 1999: 95). 실제로 화이트에 따르면, (자율적인) 일은 가치 있는 활동의 한 가지에 지나지 않는다. 일은 개인이 자신의 삶의 주요 목표로서 선택할 때에만 그에게 의미 있는 것이 된다. 여기서 의미 있음은 주요 목표로 선택된다는 뜻이다. 따라서 교육과 일은 서로 다른 영역의 것이다. 둘째, 화이트의 지적 틀에서 일은 교육에 비해 시시한 것으로 간주된다고 해거는 지적한다. 왜냐하면 개인이 일을 자신의 주요 목표로 선택하지 않을 경우에, 일은 그의 교육에서 무의미한 것이 되어 버리고, 이런 점에서 일은 교육에 비해 시시한 것이 되고 만다. 실제로, 많은 철학자들이 잘삶을 구성하는 객관적 요소들의 목록을 제시하는데, 그 속에 일이 포함되는 경우를 찾기가 어렵다(White, 2016, Nov. in press).[4] 셋째, 일에서 중요한 학습이 이루어질 수 있는데 이 점이 화이트의 지적 틀에서는 간과된다. 해거는 사람들

---

4) 화이트는 잘삶을 구성하는 객관적 요소에 대한 여러 철학자들의 견해를 다음과 같이 요약한다(White, 2016, Nov. in press). 다음 철학자들의 목록에서 일은 언급되지 않고 있다. 이것이 의미하는 바는 무엇인가? 이에 대해서는 또 다른 논의가 필요하다.

- 밀(Mill): 마음의 쾌락-지성, 감성과 상상, 도덕적 정감의 쾌락들
- 무어(Moore): 아름다움의 향유, 개인적 애정
- 로스(Ross): 덕, 지적·미학적 활동, 정의, (다른) 쾌락
- 피니스(Finnis): 생명, 지식, 놀이, 미적 경험, 사회성(우정), 실천적 합당성, 종교
- 파핏(Parfitt): 도덕적 선, 합리적 활동, 자신의 능력 개발, 아이를 갖고 좋은 부모가 됨, 지식 그리고 참된 아름다움의 인식
- 그리핀(Griffin): 성취, 자율성, 이해, 향유, 깊은 사적 관계
- 래즈(Raz): 자율성(근대사회에서), 모든 가치 있는 활동과 관계의 추구에 있어서

이 일을 통해서 실제로 경험하는 것들에 주목한다. 사람들은 화이트가 말하는 타율적인 일에서도 보상을 얻거나 만족을 느끼기 위해서 기꺼이 일한다. 다시 말해서, 일을 통해서 개인적 성장/발달, 의미 있는 학습, 성취된 목표에 대한 만족 등을 얻을 수 있기 때문에 사람들은 도전적이고, 자극적이고, 만족을 주고, 보상을 주는 일을 찾는다. 일을 통해서 이와 같은 교육과 학습이 이루어질 수 있는데, 이런 점이 화이트의 지적 틀에서는 별로 주목받지 못한다.

저자의 생각에 따르면, 해거의 주장은 그 자체로서는 타당한 것으로 생각된다. 해거는 교육과 일을 서로 별개의 영역인 것처럼 구분하는 사고방식은 교육에 비해 일을 경시하는 경향으로 이어진다고 비판하는데 이와 유사한 비판이 프링(Pring)에게서도 나타난다. 프링은 교육과 훈련을 구분하고, 교육에 비해서 훈련이 덜 가치 있는 것으로 생각하는 사고방식에 문제가 있음을 지적한다. 이런 사고방식에 대해서 프링은 다음과 같이 말한다.

교육과 훈련이라는 개념이 서로 다른 것은 분명하다. 교육은 비교적 폭넓고 비판적인 이해를 가리키는 반면, 훈련은 비교적 구체적인 과제나 작업을 위한 준비를 가리킨다. 그러나 이런 의미 차이

전심과 성공
- 스캔론(Scanlon): 어떤 형태의 향유, 가치 있는 목적의 성공적 추구—우정, 다른 개인적 관계, 예술ᆞ과학과 같은 탁월성의 여러 가지 형태를 성취함과 같은 것들
- 누스바움(Nussbaum): 다음 영역에서의 기능 발휘—삶, 신체 건강, 신체적 안녕; 감각, 상상, 사상; 정서, 실천이성, 협력관계, 다른 종, 놀이, 정치적ᆞ물리적 환경의 통제
- 후커(Hooker): 쾌락, 우정, 뜻깊은 성취, 중요한 지식, 자율성, 그러나 미적 감상이나 도덕적으로 좋은 삶을 살기는 아님

에도 불구하고, 한 가지 활동이 교육적이면서도 훈련이 될 수 있을
것이다. … 예를 들면, 교(육실습)생은 수업안을 짜고, 학급을 관리
하고, 아동의 학습 결과물을 전시하는 일을 잘하도록 훈련을 받을
수 있다. 그러나 이런 훈련을 통해서 교생이 교육을 받을 수 있도록
훈련시키는 것도 가능하다. 즉, 하고 있는 일에 대해서 비판도 하고,
그런 활동을 폭넓게 이해하게 되고, 그 일을 보다 넓은 교육적 맥락
에서 바라볼 수 있을 것이다.

(Pring, 1995: 189)

여기서 프링은 하나의 활동이 교육적인 훈련이 될 수 있다고 말한
다. 바꾸어 말하면, 훈련을 통해서 교육이 가능하다는 뜻이다. 따라서
교육과 훈련이 전적으로 분리되는 것도 아니고, 교육이 훈련보다 더
가치 있는 것이라고 말할 수 없다. 이와 같은 프링의 주장은 해거의 주
장과 일맥상통한다. 해거가 주장하듯이, 일을 통해서 바람직한 교육과
학습이 이루어질 수 있고 따라서 일과 교육을 전혀 별개의 것처럼 생각
하거나, 일보다 교육을 더 가치 있는 것으로 생각하는 것은 잘못이다.
프링의 주장이 타당한 것처럼 해거의 주장도 타당하다.

그렇다면 화이트의 '지적 틀'에 대해서 어떤 평가를 내릴 수 있는가?
저자는 다음과 같이 생각한다. 화이트의 지적 틀은 그의 의도에 적합
한 것이다. 화이트의 의도는 '일의 중심성'에서 탈피할 수 있는 이상적
인 사회와 교육을 밝혀내는 데 있다. 이와 달리 해거의 의도는 일 자체
를 통해서 교육과 학습이 가능하다는 점을 강조하는 데 있다. 이런 해
거의 의도에 비추어 보면 화이트의 지적 틀은 적절하지 못한 것이지
만, 화이트의 특수한 의도에 비추어 보면 그의 지적 틀은 적절한 것이

다. 화이트의 지적 틀을 가지고 일(직업 훈련)과 연관된 온갖 문제를 모두 다룰 수는 없다. 다시 말해서, 화이트의 지적 틀은 그 나름의 가치를 갖고 있어서 틀렸다고 말할 수 없고, 다만 해거가 강조하는 문제까지 다루기에는 불충분하다고 말할 수 있다. 해거의 지적대로, 어떤 일이건 간에 인간은 일을 통해서 많은 것을 배우고 얻는다는 점은 부정할 수 없다. 이 점을 잘 밝히는 것은 직업교육을 위해서 중요한 과제라고 생각된다. 그러나 현대의 사회나 학교에서 사람들(학생들)이 너무 많이 일(공부)하고 있고, 과도한 일(공부)이 개인의 잘삶과 사회의 안녕에 커다란 해악을 끼치고 있는 것이 사실이라면 이런 문제를 적절하게 다룰 수 있는 화이트의 교육철학도 절실하게 필요하다.

화이트에 대한 또 다른 비판을 살펴보자. 장원섭은 『일의 교육학』(2006)에서 화이트를 자세히 논의하고 있지는 않으나, 다음과 같이 부정적으로 언급한다.

> 교육철학자인 화이트(White, 1997)는 일을 매우 기술적이고 가치중립적인 방식으로 정의하였다. 그는 일을 최종 산물을 낳기 위한 행위로 개념화하였다. 그에게 있어서 일은 타율적이다. 일은 신의 저주로 간주된다. 실제로 최종 산출물이 우선적으로 고려되었을 때 일은 언제나 그 과정이 수단화되고, 일을 하는 행위는 고통과 괴로움으로 이어질 수밖에 없다. 화이트가 이렇게 부정적인 개념으로 일을 파악한 것은 그가 지향하는 새로운 사회상과 관련된다. … 그는 전통적으로 일이 우리의 삶에서 있어서 중심성을 가져왔지만, "지금은 아니다."라고 주장한다. 오히려 그는 일이 지양된 사회를 지향하였다. 화이트는 일을 객관적이고 제한적으로만 파악함으로써 자신의 논리와 그가 지향하는 사회를 더욱더 선명하게 드러낼 수

있었던 것이다.

(장원섭, 2006: 510)

　사실 화이트가 주장하는 활동사회 개념은 매우 광범위하고, 자발
적 활동의 중심성은 너무 순진하거나 현실성이 없다. 만약 활동사
회가 가능하려면 또 다른 노예적 희생이 뒤따라야 할지도 모른다.
인문학자이며 교양교육 주창자인 화이트는 그리스식 자유인의 활
동을 지향하고 있는지도 모른다. 일의 종말을 고하고 여가사회 또
는 모호한 활동사회를 주장하기보다는 새로운 일의 개념에 기초한
새로운 인간화 전략이 더 현실적이고 바람직하다.

(Ibid.: 527)

　여기서 화이트가 주장하는 활동사회가 어떤 사회인가는 이 책의 제
2장과 제5장에서 자세히 밝힐 것이므로 언급할 필요는 없겠다. 여기서
는 두 인용문에서 장원섭이 주장하는 바를 세 가지로 살펴본다. 장원
섭(2006)에 따르면, ① 화이트는 일을 기술적·가치중립적 방식으로 정
의한다. ② 화이트는 일을 부정적으로 논의한다. 그에게 일은 타율적
이고, 신의 저주로 간주되고, 일하는 행위는 고통과 괴로움으로 이어
질 수밖에 없는 것이다. ③ 화이트는 일의 종말을 고하고 여가사회를
주장한다.

　이와 같은 비판에 대해 저자는 다음과 같이 지적할 수 있다. 첫째,
화이트는 일을 기술적이고 가치중립적인 방식으로 정의하고 있지 않
다. 화이트는 그의 정의가 '일의 중심성으로부터의 탈피'라는 그의 규
범적 주장에 적합한 것이라고 말한다(White, 1997: 4). 또한 화이트는 일
을 최종 산물을 낳기 위한 '활동'이라고 정의했지, 그런 '행위'는 아님

을 분명히 언급한다. 따라서 장원섭은 '활동'을 '행위'로 잘못 쓰고, 화이트의 정의가 기술적·가치중립적인 것처럼 오해하고 있다. 둘째, 화이트는 일에 대해 단순히 부정하지 않는다. 그보다는 일이 과도하게 삶의 중심을 차지하고 있는 점을 비판한다. 화이트는 타율적인 일이 고통과 괴로움을 준다고 보기 때문에 그런 일이 축소되어야 한다고 강조한다. 또 타율적인 일이 신의 저주라는 말은, 시몬 베유의 생각을 화이트가 비판하면서 베유의 생각의 이면에 기독교적 세계관이 깔려 있지 않은가 하고 추정할 때 언급한 말이다. 또한 화이트는 '자율적인 일'과 '타율적인 일' 그리고 '일에서의 자율성'과 '일에서의 타율성'을 구분하면서 일에 대한 긍정적·부정적 평가를 다양하게 내리고 있다. 이렇게 볼 때 일에 대한 화이트의 생각을 '단순한 부정' 또는 '신의 저주'와 연결시켜 말하는 것은 부정확하다. 셋째, 화이트는 '일의 종말'을 언급한 것이 아니라 '일의 중심성의 종말'을 언급한다. 후자가 무엇을 의미하는 것인지는 앞에서 충분히 말했고, 나중에 또 언급할 것이다.

왜 이런 오해가 발생하는가? 저자의 생각으로는, 일에 대해 화이트가 접근하는 관점과 해거와 장원섭이 접근하는 관점 자체가 서로 다르기 때문이다. 해거와 장원섭은 각각 '직업기술교육'과 '일의 교육학'을 옹호한다. 이처럼 일이 인간의 삶에서 매우 중요함을 교육적으로 밝히는 것은 중요하다. 왜냐하면 우리의 교육관 속에는 관료를 숭상하고 노동자를 박대하는 경향이 강하기 때문이다. "낫 놓고 기역자도 모른다."는 속언에 대해 "기역자 놓고 낫도 모른다."고 어느 시인은 일갈한다. 이런 상황에서, 오히려 '일의 중심성'을 비판하는 화이트의 철학이 제대로 이해되거나 공감을 얻기는 어려울 것이다. 더군다나 '자율적인 일' 조차 인간의 잘삶의 필수 구성요소가 되지 못할 수 있다는 화이트의 주장은 미묘한 반발을 불러일으키기도 한다.

그러나 화이트가 『잘삶의 탐색: 학교교육의 새로운 목적(Exploring Well-being in Schools: A Guid to Making Children's Lives more Fulfilling)』(2011)에서 '타율적인 일의 축소'를 강조하는 바를 살펴보면 이것이 대체로 동의할 수 있는 주장임을 쉽게 이해할 수 있다.

> 만약 우리의 관심을 권력을 가진 사람들에게서 권력이 없는 사람들로, 관리자에서 관리를 받는 사람들로 돌린다면, '개인의 잘삶'을 위해서 즐겁지 못한 일, 가령 기계적이고, 소모적이고, 위험하고, 지루한 일을 줄여야 할 이유는 더욱 분명해진다. 요즈음 사회에 이런 일들이 아주 많다는 점은 새삼 강조할 필요도 없다. 우리 사회에서 생산되고 있는 (위치재를 포함한) 재화와 서비스 중에는 사람들의 필요나 자유로운 선호와 무관한 것들이 많고, 우리가 그런 것을 원하도록 만드는 과대광고에 의존하는 것들이 많다. 이런 낭비가 쌓이면서 '타율적인 일'도 불필요하게 늘어난다. 개인의 잘삶은 이중으로 타격을 받을 수 있다. 소비주의의 유혹과 압력은 소비자들의 가치 위계를 혼란스럽게 만들 수 있다. 또한 소비주의는 생산자들의 삶의 대부분을 노동에 얽매이게 만들 수 있다.
>
> (White, 2011: 71)

여기서 화이트는 개인의 시간을 너무 많이 차지하는 타율적인 일이 개인의 만족을 해치고, 대다수 사람들의 실존을 저해하는 것임을 명확히 지적한다. 그는 우리가 모든 개인의 잘삶을 사회의 이상으로 받아들인다면 어쩔 수 없이 해야 하는 타율적인 일이 가능한 한 잘삶과 부합될 수 있도록 축소되어야 함을 강조한다. 이와 유사한 주장은 앙드레 고르스(Andre Gorz)[5]의 생태사회정치론에서도 나타난다.

> 덜 일하고 덜 소비하는 쪽을 선택하는 것이 더 나은 삶, 더 자유로
> 운 삶을 살게 해 줄 수 있다. … **생태사회정치의 근본적 의미는 모든 이에**
> **게 한편으로 덜 일하고 덜 소비하는 것, 다른 한편으로 존재의 더 많은 자율**
> **성과 안전을 확보하는 것 사이의 관계를 정치적으로 확립하는 것이다.** 달리
> 말하면, 노동 시간을 전반적으로 축소함으로써 … 좀 더 자유롭고
> 느긋하고 보람 있는 생활이 모두에게 열릴 수 있도록 제도적으로 보
> 장하는 것이다.
>
> (Gorz, 2008/임희근, 정혜용 공역, 2015: 74-75; 원문에서 강조)

이 인용문에 들어있는 사상은 미셸 롤랑(Michel Roland)이, 고르스와
의 대담에서, "모두 함께 일하기 위해 그리고 더 잘살기 위해, 덜 일하
기"(Gorz, 1980/이현웅 역, 2011: 268)라고 압축적으로 표현한 것과 일치
한다. 여기서 모두의 잘삶이 목적으로 강조되고 있다. 이와 비슷한 관
점에서 강수돌은 '노동사회를 넘어 행복사회'를 주장하면서 우리의 교
육을 다음과 같이 논평한다.

> 가장 중요한 것은 삶의 목표가 무엇인가이다. 이는 … 행복이다.
> 그렇다면 행복한 삶이란 무엇인가? 그것은 개인적으로 자신이 진
> 정으로 하고 싶은 공부나 일을 하면서도 생계에 대한 걱정 없이 보
> 람을 찾고 사회적으로도 일정하게 기여하면서 사는 것이리라. 이걸
> 모르는 이가 어디 있겠는가. 문제는 '도대체 내가 뭘 원하는지 잘

---

5) 역자에 따라서 Gorz를 고르 혹은 고르스라고 표기한다. 오스트리아 출신인데 스위
스 로잔에서 살았기 때문에 그렇다. 여기서는 번역서의 역자를 따른다.

모른다' 는 것을 모른다는 점이다. … 이것이 자본이 요구하는 인간상을 부모나 교사, 언론과 '옆집 아줌마들' 이 굳게 내면화한 상태에서 아이들에게 20년 가까이 노동력의 사용가치를 높이는 사람, 즉 '품행이 방정하고 성적이 우수한 사람' 으로 자라도록 강제한 결과가 아닐까? 그것도 일류 대학에 들어가야 한다는 강박이나 조급함과 함께 말이다.

(강수돌, 2015: 29)

이런 주장이 '일을 위한 교육'을 경시하는 것이라고 오해할 필요는 없다. 최근에 화이트는 '일을 위한 교육'을 다시 강조하고 있다. 이런 화이트의 입장은 해거나 장원섭의 관점과 크게 어긋나지 않을 것이다. 화이트는 라이스(Michael J. Reiss)와 함께 저술한 『목적-기반 교육과정(An Aims-based Curriculum)』(2011)에서 "학생들이 자율적 존재로서, 어떤 종류의 일에 종사할 것인가를 스스로 선택해야 하고, 학교는 이런 점에서 그들을 도와주어야 한다. 예를 들어, 가능한 직업들의 범위, 그런 직업에 도달할 수 있는 방법과 직업의 장단점 등을 폭넓게 알도록 도와주어야 한다(Reiss & White, 2011: 8)."고 밝히고 있다. 물론 학생들이 자신에게 맞는 일을 찾도록 도와주는 교육에는 여러 가지 기능, 지식과 이해, 태도 등이 포함될 것이다. 이 중에서 지식과 이해에 속하는 것으로서, 화이트는 경제에 관한 내용을 다음과 같이 제시한다(Ibid.: 34-35).

- 공공 부문과 사적 부문 간의 차이
- 지구시장

- 금융기관의 역할
- 경쟁과 독점
- 광고
- 수입의 배분: 임금, 투자, 배당금
- 노동자의 이익 보호를 위한 노동조합의 역할
- 경제 관리에 관한 정치제도의 역할

이와 같은 국가경제/지구경제에 관한 포괄적 지식/이해는 결코 학생 개인만을 위한 것이 아니다. 왜냐하면 그것은 개별 학생의 미래의 잘삶(행복)과 연결될 수 있고, 이와 동시에 다른 사람의 잘삶(행복)에 대한 도덕적 관심과 연결될 수 있는 것이기 때문이다. 그것은 모두의 잘삶으로 연결된다. 또한 경제 이해는 또 다른 지식 영역과 연결될 수 있다. 즉, 그것은 '일의 세계'의 역사(적 배경에 대한 이해)와 연결될 수 있고, 경제가 의존하는 응용과학, 테크놀로지, 수학에 대한 이해와 연결될 수도 있다. 화이트는 '일과 연관된' 이런 폭넓은 교육이 "학교 교육과정 속에서 현재보다 더 강화되는 것이 좋다(Ibid.: 36)."고 분명히 주장한다. 여기서 우리는 화이트가 '일을 위한 교육'을 실제로 강조하고 있으며, 그것을 경시하는 것이 결코 아님을 알 수 있다. 다만, '개인의 잘삶'이라는 교육목적론적 관점에서 '일을 위한 교육'을 철학적으로 옹호하고 있다는 점에서 화이트는 다른 학자들과 차이를 보여 줄 뿐이다.

02
잘삶을 위한 일과 교육

해마다 교사 임용시험이 끝나면 합격한 학생들의 기뻐하는 모습과 실패한 학생들의 보이지 않는 얼굴은 교수들의 마음을 복잡하게 만든다. 더 많은 학생들이 성공하도록 애쓴 보람에 만족하면서 또 한 해를 대비하게 된다. 학생의 '취업'에 기여하는 것이 교수가 해야 할 역할이라고 생각하기 때문이다.

정부는 취업률을 대학평가의 주요 지표로 삼고 있다. 이에 따라 여러 대학에서 취업률이 낮은 학과들은 통폐합된다. 취업률이 낮은 학과에 대한 지원과 정원을 축소하겠다는 방침이 대학 안에서도 나타난다. 취업률을 중심으로 대학 간 경쟁은 학과 간 경쟁으로, 그리고 교수 개인 간 경쟁으로 이어진다. 대학이 이런 식으로 취업에 몰두해야 하는가? 교수들은 심각한 고민에 빠진다. 그러다가도 정작 자녀를 대학에 보낼 때가 되면 먼저 장래 '취업 가능성'을 염두에 두기 쉽다. 여하튼 대학이나 대학교수도 취업 문제로부터 자유롭기가 어렵다.

학교교육도 마찬가지일 것이다. 흔히 말하는 좋은 고등학교, 좋은 대학, 좋은 학과는 결국 좋은 일자리로 이어진다. 국가발전과 경제발전이 그런 교육을 주도하였고, 개인의 입신양명이 그런 교육을 추종하였다. 약하고 가난한 나라에서 벗어나야 한다는 집단적 열망과 억눌리고 희생을 당하는 처지에서 탈피하려는 개별적 욕망은 쉽게 일치한다. 대학 학문이나 학교교육도 조국 근대화의 구호였던 '잘 살아보세'의 대열에 합세한 지 오래 되었다. 그 결과, 오늘날 모두는 정말 잘 살고 있는 것인가? 학교교육과 취업(일)의 깊은 연관성을 우리는 어떻게 이해해야 하는 것인가?

이런 사회 현실을 바라보는 관점은 낙관론과 비관론으로 갈라진다. 관점이 다르면 똑같은 현실을 놓고서도 강점과 약점을 다르게 지적하게 된다. 우리의 대학교육과 학교교육에 대한 예찬론과 비판론도 치열하게 대립한다. 그러나 저자는 대학교육의 부실과 학교교육의 파행을 우려하는 목소리가 심각한 수준에 이르렀다고 생각한다. 교사나 교육학자가 아닌 사람들까지도 우리 교육의 심각성에 대한 진단과 처방에 가세한다. 예컨대, 『대한민국 부모』는 대한민국에서 가장 아픈 사람들의 이야기를 전한다. 이 책의 서문은, '다른 삶도 가능하다'(이승욱, 김희경, 김은산, 2012: 5)로 시작된다. 또한 『나는 한국경제보다 교육이 더 불안하다』는 터널에 갇힌 한국 교육이 경제보다 훨씬 더 비효율적임을 토로하면서 어떤 것이 '잘 사는 것'인지를 다시 정의해야 하고, 정말 '잘 사는 방법'이 무엇인지를 다시 고민해야 한다고 말한다(최환석, 2013: 6, 11). 여기서 우리는 '잘삶(well-being)'이라는 개념에 주목하게 된다. 요즈음 여기저기서 학생의 '잘삶'에 교육이 제대로 기여하지 못한다는 인식이 높아지고 있고, 교육이나 다른 영역에서 '잘삶'은 좋은 삶, 행복한 삶, 가치 있는 삶, 만족한 삶, 의미 있는 삶이라는 용어와 더불어 많은 사람들의 관심을 끌고 있다. 행복한 사회, 행복한 교육이 라는 표현도 흔하게 등장하는 상황에서 우리는 '잘삶'이라는 개념을 통해서 우리 사회와 교육을 진지하게 성찰해 볼 수 있을 것이다. 우리 사회와 교육은 모두가 잘 살도록 하는 방향으로 돌아가고 있는가?

사회나 학교나 마찬가지로 우리가 살고 있는 세계는 어떠한가? 우리 는 그것을 '노동지상주의'의 세계라고 생각한다. 오늘날 모두가 정말 열심히 일한다. "일하자, 올해는 일하는 해다."라는 구호하에 우리 정 부는 온 국민을 일하는 사람으로 만들었다. 게으르다고 비난받았던 백 성은 부지런한 한국인으로 칭송받게 되었다. "난, 월화수목금금금 일 했다."고 TV에서 자랑하는 성공한 사람들이 많다. 또한 먹고 살기가 힘든 노동자는 24시간 동안 무슨 일이건 할 수 있는 일을 찾아 나선다. 모두가 일을 찾고, 더 오랜 시간을 더 강도 높게 일하는 것을 두려워하 지 않는다. 그러나 장시간의 일은 대체로 정말 하고 싶지 않은 일들이 대부분일 것이다. 거의 모두가 정말 하고 싶지 않은 일을 너무 많이 너 무 열심히 할 수밖에 없는 '과로사회'에 도달했다.

노동을 신성시하는 입장도 필요하고 또 많이 나타났지만 최근에 는 노동에 대해 비판적으로 접근하는 관점이 부상하고 있다(Beck, 1999; 홀거 하이데, 2000; Krisis, 1999; 강수돌, 홀거 하이데, 2009). 이에 따 라 사람들의 삶이 과도한 노동에 의해 어떻게 시달리고 있는지를 철학 적으로 혹은 경험적으로 밝히는 연구도 나타났다(한병철, 2012; 김영선, 2013). 이런 관점과 유사하게 교육현실을 일(노동)을 중심으로 비판적 으로 성찰하는 시도도 새롭게 열리고 있다(White, 1997; 장원섭, 2006; 김희봉, 2009). 우리는 특히 존 화이트(John White)의 선구적 시도를 이어서 교육현실과 사회현실의 연관성과 대안에 대해서 교육철학적 탐구를 시도하고자 한다.

일과 연관시켜 볼 때 학교는 어떠한가? 학교에서도 과로사회와 비슷한 현상이 나타난다. 학생은 학교, 학원, 집에서 온종일 공부한다. 교사도 수업, 잡무와 연수에 치여 일 년 내내 삶이라는 것이 없어지고 있다. 어떻게 해서 학생은 장시간 공부하게 되고, 이런 상황이 학생의 삶에는 어떤 영향을 미치는가? 교사의 비슷한 상황은 그런 학생의 삶에 어떤 영향을 미치는가? 이런 문제들을 '일 중심의 과로사회'라는 관점과 연결시켜 살펴본다면 교육현실에 대한 새로운 진단이 가능해질 것이다.

그렇다면 대안은 무엇인가? 과로사회의 대안을 찾을 때 우리는 일이 지배하는 삶에서 누락되고 있는 가치 있는 '활동'에 주목하게 된다. 왜냐하면 이런 '활동'은 '일'과 더불어 '잘삶'을 이루는 중요한 구성요소이기 때문이다. 그렇다면 일 때문에 도외시되었던 활동이 되살아나고, 그에 따라 잘삶의 가능성이 높아지는 사회를 생각해 볼 수 있고, 그런 사회를 가리켜 '활동사회'라고 부를 수 있다(White, 1997: 63, 118). 이는 어떤 사회이고, 어떻게 도달할 수 있는가? 그런 활동사회를 위해서 학교교육은 어떤 방향으로 달라질 수 있는가?

현실사회와 현실교육의 대안을 찾을 때 우리는 모든 사람의 잘삶에서 찾고자 한다. '잘삶'이란 어떤 삶인가? 요즈음 우리 사회도 자유민주주의를 지향하고 있어서 가치 있는 삶의 다양한 방식들 중에서 각 개인이 스스로 원하는 삶을 살아가려는 경향이 상당히 강하다. 여기서 '자유'는 소극적 자유보다는 적극적 자유라는 의미에서 각자가 강요받지 않고 자발적으로 선택한 삶을 살아가는 자유를 가리키는 것으로 이해된다. '자유' 민주주의 사회에서 국가는 잘삶에 관한 특수한 이상을 국민에게 강요해서는 안 된다고 보기 때문이다. 또한 민주주의는 평등을 의미한다. 모든 학생이 평등한 시민이 되도록 준비시키는 것은 민주주의 사회의 목적이다. 여기서 평등은 일부 특권층만이 아니라 모든 사람이 자율적인 잘삶을 누리도록 교육시킬 것을 요구한다. 이처럼 모든 사람의 자율적 잘삶은 자유민주주의 사회의 근본 목적이라고 볼 수 있다(White, 1990/이지헌, 김희봉 공역, 2002: 170).[1]

잘삶의 핵심이 각 개인이 자율적으로 선택하는 가치 있는 삶에 있다고 한다면, '잘삶을 위한 교육'의 방향은 결국 학생의 자발적 학습에서 찾을 수 있을 것이다. 인간은 남들이 억지로 가르쳐 주려고 하지 않아도 사람들 사이에서 많은 것을 제대로 배우고 살아간다. 이런 점이 요즈음 학교현실에서 너무 경시되고 있다. 교사의 교과 '수업'을 따라가기 위해서 학생은 엄청난 '학업(배우기 위해서 하는 일)'에 몰두하지 않을 수 없다. 그런데 거기서 학생의 진정한 '학습'이 나타나고 있을까? 억지로 시키는 과도한 공부에서 벗어나야 비로소 학생의 잘삶에 기여하는 학습이 제대로 이루어질 수 있을 것이다.

---

1) 잘삶에 관한 존 화이트의 견해는 1990년 이후에 개인주의적-주관주의적 관점에서 문화의존적 관점으로 변화하였다. 여기서 잘삶을 구성하는 가치 있는 활동은 개인의 주관적 판단에 따라 달라지는 것이 아니라 해당 사회의 문화에 크게 의존한다는 점이 새롭게 강조된다(White, 2011/이지헌, 김희봉 공역 2014; 김희봉, 2014). 잘삶을 구성하는 실질적 요소에 대해서 그는 『잘삶의 탐색: 학교교육의 새로운 목적』에서 상론한다. 그의 새로운 교육목적관의 핵심은 모든 사람들의 자율적 잘삶에 있다고 볼 수 있다.

1. 일, 삶, 학습

1) 활동과 일

학생들을 참 좋아해서 그들과 함께 하는 시간을 자주 갖는 교수들이 있다. 어떤 교수는 대학생들과 가끔 산행을 간다. 학생들과 함께 등산하는 기회는 그 교수뿐만 아니라 학생들에게도 즐겁고, 의미 있는 시간이 된다.

이처럼 의미 있는 활동이 '일'로 변하기도 한다. 만약 그런 활동을 대학교육의 한 가지 프로그램으로 권장한다면 교수는 거기서 산출할 수 있는 구체적 성과에 주목하게 된다. 활동의 과정을 성찰·기록·보고해야 할 일도 생길 것이다. 이렇게 되면 자연스러운 활동은 의도적인 일로 변한다. 교수가 어떤 구체적 성과를 산출하려는 의도에서 학생들과 함께 시간을 보내려고 할 경우, 자연스러운 산행은 가르치는 '일'로 변한다. 여기서 산행이라는 활동은 학생들과 즐겁고 의미 있는 시간을 '보내기 위해서', 자연의 아름다움에 대한 학생들의 이해를 '높이기 위해서' 혹은 '인간관계를 돈독하게 하기 위해서' 행하는 일로 변한다. 이처럼 자연스러운 활동에 대해 어떤 구체적 성과가 요구될 때, 그 활동은 일로 변한다. 왜냐하면 일이란 그 자체가 좋아서, 재미있어서 그냥 하는 것이라기보다는 어떤 최종 산물, 산출, 결과, 성과를 낳기 위해서 하는 활동이라고 볼 수 있기 때문이다.

여기서 '일'의 여부는 최종 산물의 유무에 따라서 구분된다. 일반적으로 최종 산물은 물질적 재화, 서비스 혹은 다른 것을 가리킬 수 있다.

예를 들면, 책상이나 마이크로칩과 같은 물질적 재화도 있고, 미용이나 가르침과 같은 서비스도 있고 혹은 이론적·실천적·예술적 문제의 해결도 있다(White, 1997: 4). 노동자가 공장에서 자동차를 조립하는 것, 농부가 곡식을 재배하는 것, 학생이 학교에서 미술시간에 그림을 그리거나 수학문제를 풀거나 독서 감상문을 쓰는 것, 간호사가 병원에서 환자를 돌보는 것, 직원이 콜센터에서 전화를 받는 것, 교사가 인수분해를 가르치는 것 등은 모두 일이다. 만약 일(work)도 활동(activity)의 일종이라고 본다면, 활동은 '일이 되는 활동'과 '일이 아닌 활동'으로 구분될 것이다. 그렇다면 활동은 일보다 상위의 개념에 속한다.

2) 삶과 일

사람들이 살아가면서 '하고 싶어 하는 것'은 여러 가지다. 첫째, 사람들은 '일'을 하면서 살아간다. 먹고 살기 위해서 일을 한다. 앞에서 말했듯이 일하기는 최종 산물을 낳는 활동이다. 이런 일은 기본적 필요를 충족시키거나 자아실현을 위해서 중요한 것이다. 둘째, 일에 속하지 않는 활동도 있다. 사람들은 일이 아닌 다른 활동에 종사하기도 한다. 재미있는 소설 읽기, 친구와 대화 나누기, 바닷가에서 수영하기 등을 즐기고 싶어 한다. 이와 같은 여가, 취미 그리고 관조 등도 활동의 범주에 포함될 수 있다. 이런 활동은 어떤 최종 산물을 낳기 위한 것이 아니라, 그냥 즐기는 것, 그저 좋아서 하는 활동이다. 집에서 과제를 하려고 책을 읽는다면 그것은 일(homework)이 되고, 그냥 재미있어서 책을 읽는다면 그것은 '일(학업)'이 아닌 '(학습)활동'이 될 것이다. 셋째, 우리는 어떤 사람이 되고자 한다. 우리는 학생들에게 훌륭한 사람이 되라고 말한다. 그들이 책임감 있는 사람, 공명정대한 사람, 유머가 있는 사람, 진취적인 태도를 갖는 사람이 되기를 바란다. 넷째, 우리는 남으로부터 사랑과 인정을 받고, 관심을 끌거나 유명해지기를 원한다. 이런 긍정적인 관계는 삶에서 매우 중요한 가치를 갖는 것이다. 이렇게 볼 때 사람이 살아가면서 추구하는 것에는 일도 포함되지만 일에 속하지 않는 활동, 사람됨의 측면, 특별한 인간관계 등도 많다는 점을 알 수 있다. 여기서 좋은 삶이란 일만 하는 삶이 아님이 드러난다(Ibid.: 46-48). 다시 말해서, 인간의 삶에서 일이 차지하는 중요성을 부정할 수 없기 때문에 잘삶을 위해서 일을 준비시키는 교육이 필요하겠지만, 이와 동시에 다양한 가치 있는 활동에 성공적으로 몰입할 수 있도록 준비시키는 교육도 중요할 것이다(White, 2011/이지헌, 김희봉 공역, 2014: 118, 135).

3) 자율적인 일과 타율적인 일

일 중에는 좋아서 하는 것이 있고 어쩔 수 없어서 하는 것도 있다. 전자는 '자율적인 일'이고 후자는 '타율적인 일'이다(White, 1997: 5). 가르침에서도 마찬가지다. 가르침은 학습자가 무엇을 배우도록 도와주는 활동이다. 가르치는 일이 제도화되면 교직이 된다. 교직에 진출하는 사람들 중에는 가르치는 일 자체가 좋아서 선택하는 이가 있다. 가르침은 그들의 삶에서 주요 목표이고 따라서 다른 목표보다 더 중요하다. 이들에게 교직은 '자율적인 일'이다. 왜냐하면 잘 산다는 것은 인간이 자율적으로 선택한 주요 목표를 실현하고 사는 삶이라고 보기 때문이다. 이와 달리 변호사, 치과의사, 약사가 되기 위해서 교직의 길을 포기하는 사람들도 많다. 그러나 그런 길로 나아갈 처지가 아니거나 다른 이유 때문에 어쩔 수 없이 교직에 남아 있다면, 교직은 그의 삶의 '주요' 목표가 되지 못하여 '타율적인 일'이 되고 만다.

자율적인 일이라면 당연히 열심히 할 것이다. 그런데 타율적인 일도 열심히 할 수 있다. 이것은 일을 하는 '과정'에서 나타나는 자율성·타율성을 의미한다. 어쩔 수 없이 교직에 종사하는 교사들 중에도 열심히 가르치는 사람도 적지 않다. 여기서 짐작할 수 있듯이 어떤 일을 자신의 주요 목표로 '선택'하는가의 여부에 따라서 자율성·타율성을 구분할 수 있고, 또한 그 일을 수행하는 과정의 특징에 따라서 자율성·타율성을 구분할 수 있다.

이와 같은 구분은 학생의 삶에서도 똑같이 나타난다. 학생은 일정 기간에 의무적으로 학교교육을 받아야 한다. 학교의 교육과정에서 제공하는 모든 교과의 수업은 학생들이 설령 원하지 않을지라도 듣지 않을 수 없다. 이런 점에서 학교의 교과 수업은 학생들에게 '타율적인 일'이라고 볼 수 있다. 만일 학교에서 제공하는 여러 교과들 중에서 학생들이 배우고 싶은 교과를 선택할 여지를 줄 경우에는 그들은 자신의 목표와 연관시켜서 그것을 선택할 수 있게 된다. 이럴 경우에 교과를 학습하는 것은 그들에게는 '자율적인 일'이 된다. 이와 달리 학생의 선택과 무관하게 반드시 배워야 하는 교과 수업에서도 그들은 열심히 몰입할 수 있다. 이럴 경우 그런 공부는 '과정'의 측면에서 자율적인 일이 된다. 억지로 배워야 하는 공부를 열심히 하지도 않는다면 이는 두 가지 의미에서 타율적인 일이 되고 만다.

4) 학습과 일

일이란 어떤 최종 산물을 낳기 위해서 하는 활동이라고 하였다. 교사의 가르침은 학생이 무엇을 배우도록 하기 위해서 행하는 일(수업)이다. 학생은 그것을 배우는 일(학업)에 종사하게 된다. 교사의 수업이 학생의 학업을 촉진하고 학습을 일으키는 데 기여한다는 점은 부정하기 어렵다. 그런데 과도한 학업은 진정한 학습에 기여하지 못할 수 있고, 학업의 형태가 아닌 학습도 중요한 역할을 할 수 있을 것이다. 이 점을 밝히기 위해서 다음과 같은 질문을 살펴볼 필요가 있다. 학업은 반드시 학습으로 이어지는가? '학업'에 몰두할지라도 '학습'이 나타나지 못할 수 있다. 다시 말해서 배우기 위한 일(학업)에 몰두할지라도 배움의 성과가 나타나기도 하고, 그렇지 않기도 한다. 따라서 학업과 학습은 반드시 일치하는 것은 아니라는 점에서 이 두 가지는 논리적으로 구분된다.

'학업'에 몰두해도 '학습'이 나타나지 않는 사례를 살펴보자. 만약 학생이 이미 할 줄 아는 것 혹은 이미 알고 있는 것을 또 다시 반복하도록 요구한다면, 그런 활동에서 그들이 새롭게 배우는 것은 거의 없을 것이다. 서투른 교사는 학생에게 힘든 학업을 시키지만, 그들은 고생만 할 뿐 배우는 것이 별로 없을 수 있다. 고생해서 학업에 골몰한다고 해서 그것이 자동적으로 학습으로 이어지는 것은 아니다.

이와 달리 '학업'에 몰두하지 않아도 '학습'이 나타날 수 있다. 즉, 비형식적으로 학습이 나타날 수 있다. 인간의 학습은 대체로 일상적인 사회적 경험을 통해서 거의 자발적으로 나타난다. 우리는 친구와 대화하면서 몰랐던 것을 새로 알게 된다. 대화 과정에서 우리는 거의 자연발생적으로 여러 가지 기술·지식·판단을 얻을 수 있다. 특히 어머니의 슬하에서 모어를 배우는 것이 그러하다. 별다른 노력을 기울이지 않는 것처럼 보이는 과정을 통해 아이는 자연스럽게 말을 배운다. 어머니와의 즐거운 상호작용의 부산물로서 언어만이 아니라 바람직한 태도도 자연발생적으로 나타난다. 아이는 훌륭한 부모 곁에서 세상사의 복잡한 이치를 알게 될 뿐만 아니라 사람됨의 중요한 덕목을 자연스럽게 배운다. 학습은 학업과 무관하게 발생할 수 있다.

교육의 핵심이 학습이고, 학습은 학업(일)과 무관하게 나타날 수 있다고 한다면 모든 학습이 학업(일)으로 바뀔 필요도 없을 것이다. 저자가 고등학생이었을 때 체육 선생님은 비가 오는 날 교실 수업을 할 때마다 한국전쟁에 관해서 재미있는 이야기를 해 주셨다. 그 시간에 우리는 아무 '일(학업)'도 하지 않고서도 한국전쟁에 관해서 귀중한 것을 많이 알게 되었다. 이처럼 무엇을 꼭 배우도록 가르치려는 의도가 없이 그냥 어떤 과정을 거치거나 어떤 활동 자체에 몰두함으로써 많은 것을 배울 수 있다. 즉, 학업이 주어지지 않아도 진정한 학습이 나타날 수 있다.

학교교육이 시작되면 자연스럽고 자발적인 학습은 서서히 없어지는 경향을 보이고, 그 대신 '일 형태의 학습(학업)'이 강조된다. 대체로 학교의 교과 수업은 재미가 없어지고, 게임이나 놀이에서 멀어지고, 신나는 이야기와 멀어지고, 만화나 영화는 부정적인 것으로 간주된다. 학교에서 하는 거의 모든 활동은 진지한 목표가 수반된 '일'이 된다. 그렇게 해서 학교생활은 일이 지배하는 삶으로 바뀐다. 이윽고 학교는 일(학업) 형태의 학습을 하는 곳임이 아이들에게 알려지고, 그들은 '중요한 것은 일'이라는 점을 배우면서 점차적으로 '일 중심'의 학교 문화에 익숙해진다. 이와 같은 상황을 염두에 둘 때 객관적으로 부과된 학

업과 주체적이고 자발적인 학습 사이의 균형과 조화를 이끌어 내는 일
은 교육적으로 중요한 과제가 될 것이다.

2. 과로사회의 교육과 학습

1) 과로사회

오늘날 우리의 삶은 거의 모두 일로 가득 차 있다. 일도 살기 위해서
하는 것인데 마치 일하기 위해 사는 것 같다. 이른 아침부터 늦은 밤까
지 혹은 한밤중에도 먹고 살 일을 찾는 사람들이 많다. 장시간 노동은
우리 사회의 전반적인 특징이 되어 있다. 늦게까지 일하는 것이 일상
이 되고, 일명 '칼 퇴근'을 승진 포기로 간주하는 작업장 문화도 널리
퍼지고 있다. 큰 도시는 잠들지 않고 24시간 돌아가는, 밤이 없는 사회
다. 여가조차도 일을 제대로 하기 위해 재충전해야 하는 시간이 되고,
심지어 휴가조차도 돈을 벌기 위해 포기할 수밖에 없는 사람들이 많아
졌다. 이런 사회를 김영선(2013)은 '과로사회'라 부른다. 과로사회의
문제점은 일하는 시간이 지나치게 많다는 점만이 아니라 어쩔 수 없이
해야 하는 '타율적인 일'에 치여 삶이란 게 없어진다는 점이다. 장시
간 노동은 일과 삶의 불균형을 가져오고, 여가 없는 삶은 기껏해야 일
과 소비를 반복하는 피곤한 삶 혹은 미래 서사가 없는 삶으로 이어지
고 있다.

일 중심의 과로사회에서 벗어나기란 쉽지 않다. 왜냐하면 근대를 거
치는 동안에 대다수 사람들이 그런 문화에 점점 더 젖어들었기 때문이

다. 일이 삶의 중심을 점유하는 문화는 오늘날 지배적 이데올로기가 되어 전 세계에 퍼져 있다. 기독교, 사회주의, 자본주의 등 거의 모든 사상에서 일은 종교적 의무, 도덕적 의무, 경제적 필수로 자리를 잡았다. 토니(Tawney, 1980/김종철 역, 1983)의 『종교와 자본주의의 발흥(Religion and the Rise of Capitalism)』이나 막스 베버(Weber, 1920/김덕영 역, 2010)의 『프로테스탄티즘의 윤리와 자본주의 정신(Gesammelte Aufsätze zur Religionssoziologie, Bd. 1)』에서 알 수 있듯이, 17세기 청교주의의 종교관은 명상(사변)이라는 수도원의 이상을 자기탐닉적인 것이라고 하면서 거부하였고, 그 대신 일상적인 사업에 충실히 참여하는 것을 옹호하였다. 이로써 신이 인간에게 부여한 과업 혹은 소명을 기꺼이 실행해야 한다는 생각이 강력한 윤리적 힘을 갖게 되었다. 또한 18세기에 새로 부상하던 신흥 부르주아들은 일 중심의 삶을 받아들였으며, 하층계급도 이를 내면화하도록 만들었다.

이렇게 일 중심의 문화가 확대되는 과정은 19세기와 20세기로 이어진다. 예를 들면, 19세기 중반 영국의 오랜 풍습이었던 성월요일(St. Monday)은 산업화 과정을 거치면서 고용주의 요구에 따라 없어지고 말았다. 그 이후 월요일의 휴일이 토요일의 반휴일로 바뀌었다(김영선, 2013: 151-153). 또한 미국의 대공황 시기에 기업가 켈로그(Kellogg)는 6시간 4교대제를 통해서 노동자들에게 일자리를 나누어 줌으로써 실업을 해소하려고 노력했는데, 그가 일선에서 물러난 이후 다른 경영진은 정부의 후원 아래 8시간 3교대제를 실시하였고, 남성 노동자들도 이를 받아들임으로써 6시간제는 1985년 2월 8일을 기점으로 역사 속으로 사라진다(Ibid.: 172).

20세기를 거치면서 후기 근대사회에서는 지배계급까지도 노동하는 동물이 되었다. 한병철(2012: 40)에 따르면, 노동사회는 개별화를 통해 성과사회로 변했다. 이 성과사회의 주체는 자기 자신을 경영하는 기업가다. 자기 주도적으로 될 것, 자기 자신이 될 것을 요구하는 새로운 규범이 그에게 내면화된다. 하나의 성과기계가 되어 원활한 작동으로 최대의 성과를 산출할 것을 요구하는 사회적 경향이 그에게 수용된다. 이런 성과 주체는 '하면 된다'는 긍정성의 언어에 사로잡힘으로써 스스로 노동하는 노예가 된다. 그런데 성과사회에서는 모두가 바쁠 뿐아니라 심지어 상층으로 올라갈수록 더 바빠진다. 사회의 꼭대기에 있는 사람들은 떨어진 돈을 주울 시간조차 없을 정도로 바쁘다. 사회의 바닥에는 가진 것이라고는 시간밖에 없는 백수들이 널려 있다. 바쁠수록 당당해지는 사회에서 바쁜 것은 일종의 특권이 되고 이런 특권을 누리기 위해 성과 주체는 자기경영 능력, 즉 스스로를 바쁘게 할 수 있는 능력을 입증해야 한다. 그 결과 과다한 노동 및 성과는 자기 착취로까지 이어진다. 이처럼 긴 역사를 통해서 많은 사람들의 의식 속에 스며든 일 중심의 문화로부터 벗어나기란 결코 쉽지 않다.

또한 일 중심의 문화에서 벗어나기 어려운 이유는 '사회현상'이나 '사회구조'를 통해서도 알 수 있다. 첫째, '사회현상'을 살펴보면 오히려 일 중심의 문화가 강화되는 경향을 알 수 있다(White, 1997: 43). 자동화로 일이 줄어들고 고용 패턴이 달라지면서 일을 중시하는 사고방식이 굳어졌다. 전일제와 종신제의 직장은 줄어들고, 부족한 일자리를 놓고 경쟁이 치열해진다. 이 상황에서 고용주들은 노동시간의 확대를 통해서 자신들의 이익을 도모하고자 한다. 일하는 사람들은 더 많은 일을 하느라 자기 자신을 위해 활용할 시간도 없어지는 반면, 일을 찾지 못한 사람들은 할 일도 없고 시간만 남아돈다. 일하는 사람들도 시장 변동과 기술 혁신에 따른 잦은 변동에 유연하게 대처하지 않을 수 없다. 불확실한 미래를 위한 대비책을 마련하느라 고심하고, 스펙을 쌓고, 직업을 전전하게 된다.

둘째, 우리의 '사회구조'는 사람들로 하여금 일에서 벗어나지 못하게 만든다. 특히 과로사회에서 노동자의 장시간 노동 관행은 여러 가지 이유로 없어지기가 어렵다(김영선, 2013: 59). 예를 들면, 장시간 노동을 이상적 노동자의 특성으로 간주하는 규범이라든가 '온종일 일해야 한다'는 통념이 강하게 작용한다. 또 저임금은 더 긴 시간 동안 일하게 만든다. 소득을 극대화하려는 노동자와 공장을 끊임없이 가동하려는 기업가의 이해관계가 맞아떨어지는 것이 흔히 말하는 성과급이다. 또한 일자리는 늘지 않고, 오히려 비정규직이 생김으로써 인턴직의 장시간 노동은 정규직 전환을 매개로 강요된다. 과거에는 국가 발전·수출 증대라는 생산성 담론이나 경쟁력 강화 담론이 노는 것, 쉬는 것을 거의 죄악인 것처럼 몰아갔었는데, 최근에는 일상화된 퇴출의 공포가 노동자로 하여금 오래 일하는 모습을 보여 주지 않을 수 없게 만들었다. 특히 1997년 말 이후의 'IMF 사태'와 그로 인한 대량의 정리해고는 많은 사람들에게 깊은 상처를 남겼다. 그 결과 '싸우면서 일하고 일하면서 싸우는' 각오로 노동에 몰입했던 과거 세대의 사람들과 달리 현 세대의 사람들은, "아직 잘리지 않고 있을 때 더 많이 벌자."며 마치 내일 곧 죽을 것 같은 각오로 일에 매달리게 되었다(강수돌, 2012: 281).

과로사회의 역사적·사회적 성격이 어떤 것인가를 살펴볼 때 우리의 생각과 삶을 장악하고 있는 '과도한 일'에서 벗어나기가 매우 어려운 일임을 알 수 있다. 이처럼 끈질긴 과로사회는 교육현실에서도 끈질긴 영향을 미치고 있는 것 같다.

2) 과로사회의 교육

일이 사람들의 삶과 사고방식을 장악하는 사회에서는 교육제도도 자유로울 수 없게 된다. 일의 세계는 학교교육에 전반적인 영향을 미치고, 학교는 일의 세계를 위해 학생들을 준비시키지 않을 수 없다. 직업학교뿐만 아니라 거의 모든 학교와 대학도 마찬가지다. 오늘날 거의 모든 교육제도가 일의 세계를 위한 준비 기관으로 변모했다고 볼 수 있다. 따라서 학교교육을 받기 이전부터 아이들은 공부에 매달리게 된다. 학교에서는 명시적 수업목표의 설정과 그에 대한 평가를 통해서 학생의 학업을 강제한다. 학생을 자유롭게 풀어 주는 아동 중심의 학교교육론은 교육정책에서 수용되기가 어렵다. 만일 교육철학자들이 교육과 일의 긴밀한 관계를 도외시하고, 내재적으로 가치 있는 활동이나 민주시민 육성, 자아실현 등을 주장할 경우에 그런 주장은 현실사회로부터 동떨어진 것, '일을 해야 할 삶'과 괴리되는 것으로 배척당하기 쉽다. 나중에 성인이 되어서 해야 할 일들을 향해서 경쟁적으로 준비시키는 교육은 학교의 현실적 목적으로 굳어진다. 일에 치여 삶이 없는 노동자처럼 학생 역시 진학과 취업을 준비하는 교과 공부에 치여 삶이라는 게 거의 없어진다.

학생은 열심히 학업(공부, 일)에 몰두하도록 동기가 부여된다. 특히 중요한 직업을 차지해야 한다는 사고방식이 우선적으로 내면화된다. 하기 싫은 공부도 이겨 내야 한다는 생각은 도덕적 의무 혹은 신앙이 되어 간다. 또한 어쩔 수 없이 해야 하는 타율적인 공부가 마치 그 자체로서 의미 있는 것처럼 받아들이게 만든다. 공부를 잘해야 사람들로부터 인정을 받고, 특권 집단에 속할 수 있고, 사회의 지도층이 될 수 있다. 무한경쟁에서의 성공은 무한한 자긍심과 배타적 특권의식으로 이어진다. 공부를 잘하지 못하는 학생이 심각한 고통과 불이익이 따르는 고된 일자리를 차지한다는 것은 당연한 일로 간주되기도 한다. 이렇게 해서 타율적인 공부는 마치 그 자체로서 의미 있는 일인 것처럼 인식된다.

이와 함께 학생의 삶의 중심은 학창 시절에서 성인 시기로 이동한다. 성인 시기의 안정된 직장생활과 불안하지 않은 연금생활이 그들의 사고방식을 지배하게 된다. 학생 시절은 일하는 성인 시기를 위한 준비 단계로 간주되기 쉽다. 학생의 삶은 더 나은 일자리를 차지하기 위한 치밀한 진로 계획에 따라 진행된다. 취업을 향한 인생 계획의 성공은 앞서 말한 것처럼, 도덕적 의무 혹은 종교적 의무로 격상된다. 입시에 실패한 학생은 의무를 이행하지 못한, 부모에게 도리를 다하지 못한 사람이 된다. 입시 기간에는 사찰과 교회뿐만 아니라 신령한 힘을 가진 산속에서까지 학부모의 기도와 기원으로 성시를 이룬다. 따라서 학창 시절의 자발적 충동에 따르는 삶은 거의 불가능해지고 학생의 현재는 미래에 종속된다.

이런 상황에서 학교 또는 대학끼리의 경쟁도 극심해진다. 더 '좋은' 대학/학과를 진학하는 데 유리한 학교가 생기고, 이런 학교로 진학하기 위한 경쟁은 갈수록 앞당겨진다. 직업학교만이 아니라 거의 모든 학교와 대학이 직업/취업을 강조하는 정책을 경쟁적으로 수용하게 된다. 과도한 경쟁은 학교나 대학의 목적이 무엇인가를 망각하게 만드는데, 이것을 우리는 과로사회의 산물이라고 말할 수 있다.

일이 지배하는 과로사회는 교사에게도 영향을 미친다. 한편으로 교직 세계가 일의 세계로부터 영향을 받게 된다. 예컨대, 교육계에 종사하는 사람들도 관리하고 운영하는 교육행정/경영 집단, 정년이 보장된 교사 집단 그리고 단기 계약의 임시 교사 집단으로 구분되고, 그 사이에 위계적 관계가 형성된다. 이 위계적 관계를 따라 과다한 업무가 교육행정가로부터 교사 집단에게 전달되고, 이는 다시 임시 교사에게로 넘어가기도 한다. 다른 한편으로 교사교육 자체도 영향을 받게 된다. 교사교육은 미래 교사들로 하여금 원대한 교육목적에 대해 성찰할 여유도 주지 않고, '교과 수업의 전문가'가 되도록 장려한다(Noddings, 2003/이지헌, 김선, 김희봉, 장정훈 공역, 2008: 144-146). 각 교과 영역에서 처방된 수업목표를 효과적으로 달성하는 능력을 갖춘 교사는 학생의 성적을 높이는 데 기여하지만, 교과 교육이 학생을 경쟁시키고 선발하는 도구로 활용되고, 또 새로운 교과 내용이 부가됨으로써 교사의 부담은 더욱 커진다. 특히 경쟁 시험의 도구가 되고, 경제 발전의 수단이 되는 국어, 영어, 수학을 담당하는 교사의 지위는 다른 과목에 비해서 상대적으로 높은 편이지만 그들의 삶은 휴가 시간까지 반납하고 일함으로써 소득을 증대시키는 노동자와 비슷해지고 만다.

과로사회가 노동하는 사람의 잘삶에 기여하지 못하는 것처럼, 과로사회의 교육도 학생과 교사의 잘삶에 기여하지 못할 수 있다는 점은 더 깊은 성찰을 요구한다.

3) 강요된 학습, 그 논리와 결과

국제학업성취도(Program for International Student Assessment: PISA) 평가에서 우리나라 학생들의 성적은 상위권에 속한다. 그러나 우리나라 학생들의 학업 동기나 교과에 대한 흥미는 최하위로 처진다. 이에 대해 프랑스의 『Le Monde』 신문은 "세상에서 가장 불행하고, 가장 경쟁적이며, 고통스러운 교육"이라고 혹평했다고 한다(목수정, 2013). 그 원인은 흔히 말하는 '좋은 직업과 삶'을 위해 일류 대학에 들어갈 수 있는 제한된 기회를 차지하기 위한 경쟁 때문일 것이다.

경쟁은 교육열(教育熱)로 나타난다. 이때 교육열은 '교육에 대한 통상적인 열정과 의욕'이 아닌 '교육으로 인한 열병'이다. 이러한 비정상성은 획일성과 추상성이라는 양상으로 나타난다. 획일성은 모든 학생을 일류 대학에 가기 위한 유일한 목표인 대학입시로 내몰고 있다는 뜻이다. 추상성은 경쟁 기준이 막연하고 구체적이지 않다는 뜻이다. '더 좋은 직장'을 얻기 위해 남들과 경쟁하지만, 정작 무엇이 더 좋은 직장인지, 무엇이 '더 좋은 삶'인지에 대한 구체적인 생각도 없다(신차균, 2009: 73-75). 아이들은 어려서부터 영문도 모른 채 부모의 '교육열'에 끌려 다닌다. 아이들 학습은 자기 스스로 하는 것이 아니라 부모가 강요하는 것으로 고착된다. 특수목적 고등학교 입시를 위한 준비는 초등학교 저학년으로까지 내려오고, 아이들은 과도한 '학습노동'에 시달리게 된다(전위성, 2011: 27).

중학생만 보더라도 그들이 공부하는 시간은 성인의 노동시간보다 훨씬 더 많다(김덕영, 2007: 22). 독일의 한 일간지 『Frankfuter Allgemeine Zeitung』은 한국 학생의 일상적인 삶을 다음과 같이 소개하고 있다.

> 밤늦도록 억지로 머리에 쑤셔 넣는 것이 한국 학생들의 일상이다. 비록 한국의 교육 시스템은 비교적 우수하지만, 학생들은 높은 대가를 치른다. 즉, 밤늦도록 억지로 머리에 쑤셔 넣으며, 자유시간, 친구 및 잠은 공부를 위해 희생해야 한다. 그리고 공교육은 학부모

들이 보기에 어려운 대학입시를 준비하는 데 충분하지 않기 때문에 거의 모든 학생이 방과 후 과외로 비용이 많이 드는 '학원'을 다닌다. 학원은 억지로 머리에 쑤셔 넣는 사설학교로서, 오직 '시험과 관련된' 자료만 집중한다. 밤이면 모든 집 근처에서는 하루 노동을 마치고 귀가하는 학생들을 데려다주는 노란 학원버스들을 볼 수 있다. 학생들의 하루 노동시간은 그들 아버지의 노동시간보다 더 길고 때로는 더 힘들다.

(김덕영, 2007: 127 재인용; 저자 강조)

이와 같은 교육은 어떤 식으론가 합리화되기 마련이다. '강요된 학습'을 합리화시키는 논리는 '진로'와 '자기 이익'이다.

첫째, 강요된 학습은 진로에 대한 관심으로 합리화된다. 진로는 '일하는 삶을 향한 계획'이다. 부모는 아이가 장차 어떤 직업에 종사할 것인지를 걱정하고, 아이를 일하는 삶을 향한 계획이라는 '틀'에 가둔다. 이것은 '자발적인' 삶의 계획이 아니라 '강요된' 삶의 계획일 것이다. 강요된 진로는 '더 나은 직업'이고, 경제적으로 풍요하고 안정된 직업이다. 높은 수입, 사회적 지위, 여유로운 노후, 복지 혜택, 휴가, 타인에 대한 권력 등이 거기에 포함된다.

둘째, 강요된 학습을 합리화시키는 또 다른 논리는 '자기 이익'이다. 부모나 교사는 남들과의 경쟁에서 이겨야 하므로 강요된 학습은 '너의 이익을 위해 꼭 필요하다'고 합리화한다. 그러나 아이들의 학습을 자기 이익의 수단으로서 지나치게 강조하면 자기 이익이라는 생각도 협소해지고, 그들의 삶은 타인의 삶으로부터 괴리되고 만다. 더 나아가, 자기 이익이라는 학습 동기는 배타적일 수 있다. 자기 이익을 위한 학업 성취는 자신감, 타인의 인정, 자율성 등 긍정적인 만족감을 주겠지만, 그것은 우월감, 자기중심성, 타율성으로 변질·왜곡될 수 있다. 서열화를 위한 학습평가는 남들과의 경쟁에서 이겼을 때 우월감을 부추기고, 성적이 낮은 아이들보다 더 많은 혜택을 누리는 것을 공정하다고 생각하게 만든다.

강요된 학습을 합리화시키는 위와 같은 두 가지 논리가 결국 모든 학생의 행복한 삶, 잘삶에 기여하지 못함을 짐작할 수 있다. 그런데 강요된 학습은 더 직접적으로 학생의 '현재 삶'을 불행으로 이끌 수 있다. 감시와 처벌[2]을 통해서 지속되기도 하는 강요된 학습은 '무기력'과 '불안'이라는 병리적 상태를 낳는다. 첫째, 아이들은 아무리 노력해도 학습목표에 도달하지 못하고, 어느 것에도 영향력을 미칠 수 없게 될 때 무기력해진다. 아이들이 원래부터 무기력한 것이 아니라 무기력하기를 선택한 것이다(이승욱, 신희경, 김은산, 2012: 35). 우리나라 청소년의 학습된 무기력의 발생 원인으로는 부모의 성취압력이 있고(이명진, 봉미미, 2013: 80), 부모의 학업 압력이 높을수록 자녀의 학습된 무기력은 증가하는 경향을 보인다(박성희, 김희화, 2008: 160). 둘째, 성적 향상이라는 목표를 추구하는 데에만 몰두하는 상위권 아이들에게서는 불안이 주로 나타난다. 아이들은 어려서부터 '주어진' 목표만을 향해

---

2) 일부 학원에서는 자물쇠반을 운영한다. 자물쇠반은 아이들을 가두어서 감시와 처벌로 공부시키는 학원운영 실태다. 여기서 중요한 점은 이러한 학원의 자물쇠반 운영은 학원이 학생들에게 강요하는 것이 아니라 학부모들의 요구에 학원들이 호응해서 생겨났다는 사실이다. 자물쇠반을 운영하고 있는 한 학원의 원장은 "학생들이 학원 수강 끝나고 '딴짓'을 못하게 학원이 붙잡아 두라는 게 학부모의 요구"라고 말했다(김덕영, 2007: 28).

달려가는 삶을 살기 때문에 이런 목표가 없는 삶을 오히려 불안해한다. 아이들은 불안감을 해소하기 위해 목표를 세우지만 이런 목표는 자신이 진정으로 원하는 것과 무관한 것이다(이승욱, 김희경, 김은산, 2012: 79). 그들은 자신의 생각, 느낌, 가치, 욕구, 경험을 바탕으로 자신의 삶이 무엇인지를 진지하게 고민하지는 못하고 그저 '주어진 목표만 지향하는 삶'을 살아가게 된다.

지금까지 우리는 타율적인 일에 과도하게 얽매인 과로사회의 특성들이 근대사회의 발전 과정에서 형성되었고, 오늘날에도 사회현상이나 사회구조의 차원에서 강하게 나타나고 있음을 주로 비판적 관점에서 살펴보았다. 이런 과로사회에서 학교교육도 타율적인 일의 지배를 받게 되었고, 학생과 교사들의 삶에 부정적인 영향을 미치고 있음을 지적하였다. 그리고 타율적 성격이 강한 '강요된 학습'은 그것을 합리화시키는 논리에도 불구하고 학생의 현재와 미래의 삶을 잘삶에서 멀어지게 만든다는 점에서 그 심각성을 논의하였다. 이와 같은 사회와 교육에서 벗어날 길은 앞에서 지적한 문제점을 극복하는 방향에서 찾아야 할 것이다. 즉, 과로사회의 대안은 타율적인 일에 지배받지 않고, 자율적인 일과 다양한 가치 있는 활동이 적절하게 공존하는 사회에서 찾을 수 있다. 또한 대안적인 교육은 적절한 양과 질의 일을 하도록 자유롭게 준비시켜 줄 교육에서 찾을 수 있다. 그리고 학교교육을 이런 방향으로 개선시킬 수 있는 방안은 자발적 학습을 확대시키는 방향에서 찾을 수 있다. 이런 대안을 다음 절에서 논의하고자 한다.

3. 활동사회의 교육과 학습

1) 활동사회

과로사회의 대안으로 제시할 수 있는 사회는 어떤 것인가?

과로사회의 실상을 자세히 연구한 김영선은 "과로사회 너머의 세계를 진지하게 그리지는 못했음(2013: 187)"을 인정한다. 그러나 그는 과로사회에 살고 있는 우리가 잊고 있던 것을 지적해 줌으로써 대안 사회의 방향을 찾을 실마리를 제공해 준다. 그가 언급한 것처럼, 만일 우리가 장시간 노동에서 벗어날 수 있다면 질 좋은 일자리도 나타나고, 자유시간도 확대될 것이다. 그리고 이 자유시간은 창조적인 '활동'을 위한 시간이 될 수 있다. 이런 활동은 사회관계나 문화를 지키는 활동 혹은 상상력, 아이디어, 환상, 그림, 사랑 등이 있는 놀이일 것이다. 일터 밖에서 이와 같은 자유로운 활동과 교제를 누리는 삶의 모습은 다음 글에 간략하게 요약되어 있다.

> 산책하고 책을 읽고 텃밭을 가꾸고 무언가를 배우고 아이들을 돌보고 가르치고 글을 쓰고 감상하고 사랑하고 생각하고 즐기고 좋은 이웃이 되고 이야기하고 새를 관찰하는 일들을 그 **활동** 자체를 위해 할 수 있다.
>
> (김영선, 2013: 178; 저자 강조)

여기서 '일' 이외의 영역에서 자유롭게 누릴 수 있는 '활동'이 어떤 것인지를 짐작할 수 있다. 이렇게 '일'을 대체할 수 있는 '활동'이 부각된다면, "다른 모든 것에 면죄부를 주는 도덕적 만능언어(Ibid.: 175)"가 되어 버린 직업(일)에서 벗어날 길이 열릴 수 있다. 우리는 일 중심의 과로사회를 대신할 그런 사회를 가리켜 '활동사회'라고 이름을 붙일 수 있다. 여기서 과로사회와 활동사회는 일 중심성의 정도 차원에서 서로 대비될 수 있을 것이다.

과로사회를 대체할 대안 사회는 한병철의 『피로사회』(2012)에서도 모색된다. 그는 과로사회라는 용어보다는 성과사회, 노동사회, 과잉사회라는 용어를 선호한다. 아무튼 그가 비판하는 것은 더 많이 생산하고 더 많이 소비할수록, 즉 과잉일수록 공허해지는 사회다. 그는 "모든 관조적 요소가 제거(되고) … 치명적인 과잉활동으로 끝나고(한병철, 2012: 35)"마는 삶을 비판하고, "과잉생산, 과잉가동, 과잉 커뮤니케이션(Ibid.: 18)", 즉 과잉활동(성) 혹은 "노동과 생산의 히스테리(Ibid.: 43)"를 배척한다. 그는 생존 자체를 위해 허덕거리며 바쁘게 살 것이 아니라 일종의 사색 공동체를 이루고, 깊은 심심함을 즐기며, 삶의 경이감이나 마음의 평정을 찾으면서 살아갈 것을 대안으로 제시한다. 이런 대안에서는 놀이의 시간, 평화의 시간, 막간의 시간, 무차별과 우애의 시간, 어울림의 시간이 가능해진다(강수돌, 2012: 278). 여기서 우리가 유의할 점은, 한나 아렌트가 구분하는 활동적 삶과 사색적 삶 중에서 한병철이 옹호하는 것은 '사색적 삶'이라는 점이다. 그는 사색적 삶의 부활을 옹호하기 위해서 과잉활동을 부정한다. 이런 논의 과정에서 그는 활동성까지도 부정하는 것처럼 보인다.

그러나 만일 활동성까지를 부정해 버린다면 과연 좋은 삶의 온전한 형태가 가능할 것인지는 의문스럽다. 이런 점에서 김현경도 "만일 아무런 활동도 하지 않는다면 서사가 있는 삶이 어떻게 가능하겠는가?(김현경, 2012: 300)" 그리고 "서사가 있는 삶을 활동적인 삶으로부터 분리하여 무위 … 와 연결시키려는 시도는 무리한 게 아닐까?(Ibid.: 301)"라고 하면서 의문을 제기한다. 만약 한병철이 문제로 삼는 것이 과잉활동(성)일 뿐이고 활동은 아니라고 한다면, "활동사회(한병철, 2012: 66)"를 성과사회나 노동사회와 비슷한 용어로 사용하는 그는 활동사회라는 용어의 가치를 떨어뜨릴 수 있다.

랄프 다렌도르프(Ralph Dahrendorf)는 활동사회(activity society)라는 대안을 제시하기 위해 일과 활동을 다음과 같이 구분한다.

> 일이라는 인간 행위는 타율적이고, 생존이나 권력과 같은 외적 필요에 의해서 부과된다. 이와 달리 활동이라는 인간 행위는 자유롭게 선택되는 것으로 자아표현의 기회를 제공하고, 그 자체로서 만족을 주며, 자율적이다.
>
> (Dahrendorf, 1982: 183)

그가 말하는 활동사회에서 인간은 일에 의해 지배받지 않는다. 활동사회란 삶을 위해서 일이 있는 사회이지 일을 위해 삶이 있는 사회는 아니다. 활동사회는 사람이 자유롭게 선택하는 자율적 삶, 다시 말해서 자아표현이 가능하고 만족스러운 삶을 위해 일도 하는 사회다. 활동사회에서는 일이 가장 중요한 위치를 차지하지 않는다. 그리고 활동사회는 "일의 지배를 받는 삶이 좋은 삶이다."는 좁은 관점에서 벗어나서 "일과 더불어 가치 있는 활동이 적절한 자리를 잡게 되는 삶이 곧 좋은 삶이다."와 같은 넓은 관점을 열어 준다.

일 중심의 사회가 활동사회로 전환되어야 한다는 다렌도르프의 주장에 동의하는 화이트는 그와 같은 전환의 가능성을 모색한다. 화이트(1997: 74)가 밝히고 있듯이, 활동사회로 전환될 수 있으려면 무엇보다도 '일 중심'의 인생관에서 벗어날 수 있어야 한다. 결국 이를 위해서는 '잘삶에서 일이 어떤 위상을 차지하는 것이 바람직한가?'를 밝혀내야 할 것이다.

첫째, 잘삶을 위해서 먼저 개선되거나 축소되어야 할 '타율적인 일'부터 살펴볼 필요가 있다. 타율적인 일은 삶에 필요한 소득을 얻기 위해서 피할 수 없는 일로서 그 가치를 전적으로 부정할 수는 없다. 그런데 타율적인 일은 그 자체가 하고 싶어서 하는 일이 아니다. 그런 일의 최종 산물 그 자체를 자신의 삶의 주요 목표로 삼고자 하는 사람은 별로 없을 것이다. 예컨대, 음식물 쓰레기를 치우는 일, 고층빌딩을 청소하는 일, 컨베이어벨트 위에서 반복적으로 부품을 조립하는 일, 뜨거운 용광로 곁에서 쇳물을 다루는 일을 그 자체로서 좋아할 사람은 별로 없다. 그렇지만 이런 일이 사회적으로 필요한 일이어서 누군가가 해야 한다면, 그들이 그런 일에 쏟아 넣는 시간을 줄여 주거나 그에 합당한 대가를 제공해 주어야 할 것이다(Walzer, 1983/정원섭 외 공역, 1999: 270, 298). 그래야 그런 일을 하는 사람에게도 자유 시간이 생기고, 잘삶을 위해 자유 시간을 활용하는 데 드는 비용도 생길 것이다. 왜냐하면 생계와 생존 문제가 해결되지 않은 채 활동, 여가, 관조로 나아가기란 힘든 것이기 때문이다.

이처럼 시간 축소와 소득 증대라는 방법도 있겠지만 다른 방법도 가능할 것이다. 즉, 일하는 과정에서 '선택의 여지'나 '참여의 폭'을 확대시켜 줌으로써 타율적인 일 자체를 덜 고통스러운 일로 만들 수 있다.

이는 노동의 인간화 혹은 민주화가 요구하는 점이다. 또한 사회적으로 필요한 타율적인 일들은, 예컨대 학교에서 교사와 학생이 함께 청소하는 것처럼 공동의 사회봉사로 분담시킬 수 있다. 또한 사회적으로 꼭 필요하지도 않은 물건들을 만들어 내는 소비사회가 타율적인 일을 많이 만들어 내고 있다고 본다면, 생태학적 관점에서 그런 일을 축소시킬 수 있을 것이다. 이와 동시에 우리 주변에 특권적 직책이 많은데 이런 일자리도 가능한 한 없앨 필요가 있다. 예컨대, 정권이 바뀔 때마다 낙하산 인사가 행해지고 고유 업무에 관한 경험·식견도 없는 부적격 인사가 임명되는데, 이들이 그런 자리를 차지하는 이유는 해당 기관의 업무 '그 자체'가 좋아서가 아니라 주로 그에 수반되는 권력, 보수, 명성, 지위 때문이다. 이런 직책은 타율적인 일임에도 자리에 대한 과도한 집착으로 인하여 많은 문제가 발생한다. 공적 업무가 제대로 수행되지 못하고, 적격자가 일할 수 있는 기회가 차단되며, 균등하게 분배되어야 할 보상을 소수가 독차지하는 잘못된 관행이 지속된다. 소수 특정 집단들이 독차지하는 자리에 붙어 있는 특권은 분산시킬 필요가 있다. 없애거나 쪼개야 할 것은 이런 특권적 일자리이고, 더 만들어 내야 할 것은 사회적으로 꼭 필요한 일자리이다.

둘째, 인간의 잘삶을 위해 중요한 것은 '자율적인 일'이다. 자율적인 일을 통해서 성취되는 다양한 성과는 인간의 주요 목표가 될 수 있기 때문이다(White, 1997: 49). 잘삶을 증진시키기 위해서는 자율적인 일을 통해 성취할 수 있는 다양한 최종 산물 혹은 성과가 얼마나 다양한가를 밝혀낼 필요가 있다. 우선, 타인에게 기본적으로 필요한 유익한 재화나 서비스를 들 수 있다. 예컨대, 교사, 간호사, 기자 등은 타인에게 기본적으로 필요한 서비스를 제공하며, 농부나 건축가는 농산물이나 주택과 같은 기본적인 재화를 생산한다. 또한 그런 기본적 필요뿐만 아니라 타인이 선호하는 재화나 서비스를 생산하는 가수, 정원사, 사진사, 운동선수 등도 있다. 또한 자기 자신에게 개인적으로 중요한 재화나 서비스도 있다. 예컨대, 나의 집 정원을 멋지게 가꾸거나 나의 집을 내 취향대로 짓는 것이 그것이다. 마지막으로 초개인적인, 공적인 재화나 서비스를 들 수도 있다. 예컨대, 철학/과학/역사 연구나 예술작품 그리고 민주사회의 건설 등이 그에 속한다. 이와 같은 다양한 자율적인 일은 잘삶의 중요한 부분을 차지하게 될 것이다.

셋째, 일이 없다고 해서 잘삶이 불가능한 것은 아닐 것이다(White, 2011/이지헌, 김희봉 공역, 2014: 135-137). 이런 주장은 잘 살고 있고, 또 여유가 많은 사람들에게 필요한 이야기라고 생각된다. 저자가 외국에서 들었던 어떤 부자의 말은 이런 점에서 시사해 주는 바가 크다. "내가 젊었을 때 열심히 일하여 많은 돈을 벌었고, 이렇게 학생들을 위한 기숙사도 지어서 대학에 기증했지만, 그동안 곰곰이 생각해 보니 내가 너무 열심히 일한 만큼 남의 일자리를 빼앗아 버렸던 것 같다." 이처럼 일하지 않아도 대체로 잘 살 수 있는 사람들이 일을 독차지하지 않을지라도 그들의 잘삶에 별다른 영향이 없을 것이다. 이들은 일자리를 나누어 갖고, 일자리를 개선하고, 일자리를 만들어 내자는 주장에 더 기꺼이 동의할 수 있을 것이다. 큰 재산을 가진 사람들 중에는 특별한 직업에 종사하지 않은 채 취미생활을 즐기고, 이웃과 정을 나누면서, 가끔 어려운 이웃에게 후한 인정도 베풀고 살아가는 이도 있다. 일이 없다고 해서 좋은 삶이 불가능한 것은 아님을 여기서 알 수 있다.

지금까지 밝힌 것처럼, 일에 사로잡혀 있는 고착된 문화에서 벗어날 수 있다면 활동사회로 다가갈 수 있는 가능성이 열릴 것이다. 이와 더

불어 일에 사로잡힌 사고방식에서 벗어남으로써 모든 사람의 잘삶을 실현시킬 수 있는 교육도 가능해질 것인가?

2) 교육에서 일의 위치

활동사회에 적합한 교육이란 어떤 것인가? 이 문제를 '일'과 연결시켜 본다면 다음과 같이 세 가지의 논변이 가능할 것이다. 여기서 활동사회의 교육에서 '일'이 차지해야 할 위치가 드러나게 된다.

첫째, '일의 과도한 지배를 받지 않는 삶'을 위한 교육이 바람직하다. 다시 말해서, 학생의 일이 그들의 잘삶 속에서 '적절한' 자리를 차지하도록 도와주는 교육이 필요하다. 먼저, 학생 각자에게 좋은 삶이 무엇인가에 대한 이해가 생기고, 이런 이해 안에서 자율적인 일이나 타율적인 일이 주요 목표로 균형을 이룰 수 있도록 도와줄 수 있다. 이렇게 된다면 일뿐만 아니라 여러 가지 가치 있는 활동이 학생 각자의 삶의 목표로서 균형과 조화를 이룰 수 있다. 요컨대, 일하기 위해 사는 것이 아니라 잘 살기 위해 일을 하도록 준비시켜 주는 교육이 필요하다. 최근에 학문(지식) 중심의 교육 풍토에서 일을 위한 교육, 일을 통한 교육, 일에 관한 교육을 강조하는 경향도 나타나고 있는데(장원섭, 2006), 이런 교육은 '잘삶을 위한 교육'과 긴밀한 연관성 속에서 추구될 필요가 있다. 요컨대, 학생에게 각자의 잘삶이 어떤 것인지를 이해하도록 도와주는 것은 학교 교과 교육에서 핵심 과제가 될 수 있다.

둘째, 일의 세계를 위해 다각적으로 준비시켜 주는 교과 교육이 필요하다. 교과 교육은 '일과의 연관성'이라는 관점에서 새롭게 접근할 수 있다. 앞서 말했던 것처럼, 전일제의, 높은 소득과 특혜가 딸린 안정된 일자리를 차지하는 데 유리한 대학/학과 진학을 위해 학생들은 경쟁하게 되고, 이 과정에서 기존의 교과 교육은 시험 도구로서의 역할을 수행하고 있다. 특히 수학, 영어, 국어는 대학 진학을 위한 중요 과목이다. 도구적 가치가 크고, 학생의 학교교육에서 지배적 위치를 점유하고 있다. 이런 상황에서 모든 학생이 배워야 할 어렵고도 수많은 교과 교육은 전반적으로 학생 개개인에 필요한 '잘삶의 탐색'(White, 2011/이지헌, 김희봉 공역, 2014)은 말할 것도 없고, 가치 있는 '일'의 탐색에도 기여하지 못한다고 볼 수 있다. 그렇다면 잘삶의 관점에서 일의 다양성, 일에 관한 폭넓은 선택 범위를 알도록 도와주는 것이 교과 교육의 중요한 목표로 강조될 필요가 있다. 여기서 일의 세계로 입문시키는 교과 교육의 가치는 흔히 말하는 내재적 교육관에서 강조하는 교과 자체의 가치와는 다른 것임을 알게 된다.

셋째, 취업을 중심으로 고정된 인생계획에 얽매이지 않는 교육이 요청된다. 학생의 삶과 일이 중요하다고 해서 그들의 공부가 미리 정해진 인생계획이나 취업계획을 그대로 따라야 하는 것은 아닐 것이다 (White, 1990/이지헌, 김희봉 공역, 2002: 148, 154). 물론 일이 지배하는 삶과 문화 속에서 누구나 취업을 중심으로 인생계획을 세우고 이를 성공적으로 실행해야 한다는 압박감이 클 것이다. 그러나 불확실한 미래를 확실하게 준비할 수 있는 길을 찾기란 갈수록 어려워지고 있다. 또한 고정된 장기 진로 계획에 따라 공부하기로 작정한다면, 자발적이고 여유 있는 삶이나 느리게 사는 것(Sansot, 2004/김선미, 한상철 공역, 2007)을 비현실적인 것처럼 간주하기 쉬울 것이다. 만일 좋은 삶에 대해서 보다 자유로운 관점으로 접근한다면 단기적 계획이나 자연발생적인 계획의 여지도 늘어날 수 있으며, 평생 보장되는 직장에 대한 집착에서 벗어날 수 있을 것이다. 미래의 삶이 고정된 궤도를 따라가야한다는 생각이 완화된다면 '마음만 먹으면 어떤 계획이건 실행할 수 있다'거나 '모든 것을 통제하여 가능하게 만들 수 있다'는 근대적 사고방식에서 벗어날 수 있게 된다. 결국 취업에 전념하는 학교교육, 그 이후의 전일제 취업 그리고 은퇴의 삶이라는 고정되는 인생계획의 틀에서 벗어날 수 있다(White, 1997: 92-95). 이처럼 일을 중심으로 확고하게 고착된 삶의 계획에 얽매이지 않고, 보다 자유로운 좋은 삶을 살아가도록 열어 주는 교육은 구체적으로 어떤 학습을 요청하는가?

3) 자발적 학습

과도한 일에 얽매인 과로사회에서 벗어나고, 여러 가지 활동이 일과 함께 균형을 이루는 활동사회가 도래한다면, 많은 사람들이 좋은 삶을 추구할 가능성은 높아질 것이다. 이를 위해서는 학교교육 자체도 과도한 부담을 주고 있는 수업이나 학업에서 벗어날 길을 모색해야 한다. 과도한 일로부터 자유로운 학교교육은 어떻게 가능할 것인가? 이런 가능성을 우리는 '자발적 학습'을 확대시키는 방향에서 찾을 수 있다. 왜냐하면, 자발적 학습은 학생의 잘삶에 기여할 학교교육을 모색하는 데에서 핵심 역할을 할 수 있는 아이디어이기 때문이다. 우리는 이런 주장의 논거를 다음과 같은 질문을 따라 탐색하고자 한다. 자발적 학습이란 어떤 것인가? 그것은 학교교육이 전반적으로 어떤 방향으로 변화할 것을 요청하는가?

첫째, 자발적 학습은 자유민주주의 사회의 기본정신과 일치한다. 자유와 평등을 지향하는 자유민주주의 사회에서 인간의 잘삶이란 모든 사람들이 각자 스스로 선택한, 가치 있는 주요 목표를 실현하는 삶이라고 하였다. 그렇다면 가치 있는 여러 가지 삶의 방식 중에서 어떤 것이 각자에게 가치 있는 것인가는 각 개인의 자유롭고 성숙된 판단에 따라 달라진다. 각자의 삶에서 어떤 종류의 일이 어떤 위상을 차지해야 할 것인가도 그의 성숙된 판단에 따라 달라질 것이다. 만일 자유민주주의 사회에서 개인의 잘삶이 결국 자신의 자발적 판단과 선택에 달려 있는 것이라고 한다면, 이런 능력을 갖추게 하는 데 자발적 학습이 핵심이라고 말할 수 있다. 여기서 자발적 학습이란 잘삶을 위한 학습의 방향, 내용, 과정을 자발적으로 선택하는 학습을 의미한다.

둘째, 자발적 학습은 의무교육의 한계를 시사해 준다. 의무교육이란 "학생들이 모든 학교교육을 반드시 받아야 한다."는 것을 의미하는 것이 아니라 "그들이 일정한 수준의 교육 성취에 반드시 도달해야 한다."는 것을 가리키는 것으로 해석할 수 있다. 물론 모든 학생이 반드시 도달해야 할 교육적 성취의 수준이 무엇인가에 대해서는 보다 구체적 논의와 합의가 필요할 것이다. 만일 합의될 수 있는 수준의 교육 성취라면 모든 학생이 그것에 도달하도록 강제할 필요가 있을 것이다. 그런데 이런 의미의 의무교육은 현실적으로 '의무적으로' 시행되고 있는 학교교육과 다를 수 있다. 즉, 필요한 수준과 내용을 넘어서는 과도한 학교교육이 행해질 수 있다. 만일 정당한 근거를 제시하기 어려운 수준과 내용의 학교교육이 의무적으로 시행되고 있다면, 그것은 학생 개개인의 형편과 필요에 따라서는 부분적으로 면제받을 수 있다. 바꾸어 말해서, 학교교육의 현황과 실상에 따라서는 그런 학교교육이 일부 학생들에게는 해로울 수 있고 이럴 경우에는 학교 밖에서 자발적 학습의 기회를 찾도록 허용하는 것이 그들의 잘삶에 기여할 수도 있다.

셋째, 자발적 학습은 학교 교육과정의 강제성을 완화시킬 것을 요청한다. 학생은 국가 교육과정에 따라 정해진 교과를 거의 모두 배워야 한다. 물론 지역이나 학교에 따라 융통성의 여지는 있다. 그런데 학생 각자의 잘삶이라는 관점에 서서 우리는 "학교에서 가르치는 모든 교과가 학생 개개인에게 이익이 되는가?" 하는 질문을 제기할 필요가 있다. 이는 학교의 교과가 일반적 차원에서 가치가 없다는 말이 아니다. 그것이 일반적 차원에서 볼 때 가치 있는 교과라 할지라도, 학생 개개인의 잘삶이라는 관점에서 "그것이 학생 각자에게 가치 있는 것인가?"를 물어보아야 한다는 뜻이다. 교과 담당 교사는 자신의 교과가 그 자체로서 혹은 입시도구로서 중요함을 전제하고, 가능한 한 많은 수업시간을 확보하려고 한다. 그러나 교과의 가치는 학생 개개인의 잘삶이라는 관점에서도 재검토될 필요가 있다. 학생이 성장하는 어느 시점에서는 학생의 선호에 따라서 특정 교과를 선택할 수 있는 가능성을 열어 둘 필요가 있다. 그렇다면 고등학교를 졸업할 때까지 모든 교과를 학생이 이수할 필요는 없다고 볼 수 있다. 그들이 각자의 삶을 어떤 방향으로 살아갈 것인가에 대한 판단이 어느 정도 성숙해진다면 그들은 특정 교과를 꼭 이수할 필요가 없다고 판단할 수 있다. 이런 점은 교과의 내용 수준에 대해서도 똑같이 적용될 수 있다. 왜냐하면 특정 교과의 내용에서도 어느 수준의 내용까지 학생이 배워야 할 것인가는 그들의 사율적인 삶의 필요와 성숙된 판단에 따라서 달라질 수 있다고 보기 때문이다.

넷째, 자발적 학습은 교사 중심의 의도적 수업의 축소 가능성을 시사한다. 어떤 교과가 학생에게 가치 있는 것이라고 할지라도 그 교과의 운영이 반드시 교사의 일방적 수업에만 의존할 필요는 없을 것이다.

교과 운영의 방식은 다양할 것이며, 다양한 방식들 중에서 각 학생에게 적합한 방식을 학생들이 선택할 여지를 확대시켜 줄 수 있다. 만일 앞서 언급했던 것처럼, 학생이 공통적으로 이수해야 할 교과의 수가 줄어들고, 그런 핵심 교과들의 내용 수준도 조절될 수 있다면, 오전 시간에는 그런 교과들에 관한 교사 중심의 수업을 진행할 수 있고, 오후 시간에는 그런 교과와 관련된 혹은 관련성이 없는 다양한 학습활동을 여러 수준에서 학생의 특수한 필요에 맞게 제공함으로써 자발적 학습의 여지를 확대시킬 수 있을 것이다. 요컨대, 학생의 모든 학교시간을 의도적인 교과 수업이 독점할 필요는 없다는 뜻이다.

다섯째, 자발적 학습은 교사의 삶에서도 자발성을 요청한다. 학생은 교사와 함께 지내는 과정에서 직접 보고 들으면서 많은 것을 배운다. 학교 수업보다는 학교의 생활이 오히려 더 효과적일 때가 많다. 만일 교사가 어려운 내용이 가득한 교과를 일방적으로 전달하는 수업 노동자로서 힘들게 살아가고 있다면, 그의 소진된 삶은 잘삶과는 거리가 멀다. 이처럼 수업과 잡무에 시달리는 교사의 타율적인 삶을 보면서 학생은 암암리에 무엇을 배울 것인가? 학생은 아마 장시간의 일을 강요하는 과로사회를 당연한 현실인 것처럼 받아들일 수도 있다. 그렇게 된다면 활동사회에 적합한 교육의 실현 가능성은 그만큼 멀어지게 될 것이다. 그러므로 교사의 삶이 학생들의 삶에 좋은 영향을 미칠 수 있으려면 교사의 삶에서도 자발성이 확대될 필요가 있을 것이다.

4. 결 론

사회를 유지하기 위해 꼭 필요한 일은 누군가 해야 한다. 아무도 일하지 않는다면 문명된 삶은 말할 것도 없고, 삶 자체가 불가능해질 것이다. 살기 위해 일이 필요하다는 이런 일반적 주장을 부정할 사람은 거의 없을 것이다. 그러나 우리가 문제로 삼아야 할 것은 오늘날 사회생활이나 개인생활을 과도하게 지배하고 있는 '일 중심'의 문화 혹은 사고방식이다. 과연 일이 그처럼 인간의 삶을 지배해야 하는 것인가? 그렇다면 인간의 삶에서 일은 어느 정도로 많아야 할 것인가? 어떤 종류의 일이 필요하며, 그런 일을 누가 해야 하는가? 이런 질문은 철학적 성찰을 요청하며, 이를 교육과 연관시켜 탐구하는 것은 교육철학의 과제에 속한다. 만일 교육이 각 개인의 잘삶을 위해 기여해야 한다면, 각 개인의 삶에서 그리고 그들의 교육에서 일이 어떤 위상을 차지해야 하는가를 교육철학적으로 탐색할 필요가 있다.

이 장에서는 우리의 사회가 과로사회에서 활동사회로 전환되고, 이와 더불어 과로사회의 특징인 강요된 학습의 굴레에서 벗어날 수 있으며, 활동사회의 핵심이 될 자발적 학습이 활발하게 이루어지는 교육으로 전환될 수 있다는 가능성을 밝혀 보았다. 이런 논변에 필요한 기초적인 개념들과 원칙으로서, 우리는 평등과 자유를 옹호하는 자유민주주의 사회에서의 '잘삶'이라는 관점을 규범적 기반으로 삼았다.

만일 이와 같은 논변이 타당하다면 여기서 다음과 같은 몇 가지 결론을 이끌어낼 수 있다. 첫째, 바람직한 교육과 바람직한 사회에 관한 논의를 위해서 모종의 규범적 준거가 필요하다. 이를 위해 자유민주주의의 평등과 자유라는 원칙 그리고 그에 적합한 '자율적 잘삶'이라는 개념이 중요한 판단 준거가 될 수 있음을 이 장에서 확인할 수 있다. 둘째, 교육 문제와 사회 문제를 서로 연결시켜서 논의할 때에는 특수한 연결고리가 필요하다. '과도한 일'이 사람의 잘삶을 왜곡시키고 있는 현실에서 살고 있는 우리는 '과도한 일'을 연결고리로 삼아 교육과 사회의 현실을 진단하고 그것을 극복할 대안을 모색할 수 있음을 확인하였다. 셋째, 현실을 진단하거나 대안을 제시할 때 교육과 사회의 '상호 연관성'은 자세히 밝혀질 필요가 있다. 과로사회에서 노동자의 삶과 학생의 학교생활 사이에는 유사성이 많으며, 활동사회에서 살아갈 사람의 잘삶의 가능성과 그 교육적 대안 사이에는 일정한 일관성이 있음을 이 장에서 확인할 수 있었다. 넷째, 교육의 핵심 가치는 결국 학생의 삶과 학습에 미치는 영향에서 찾을 필요가 있다. '자발적 학습'이라는 핵심 가치는 학생의 삶을 지배하고 있는 '강요된 학습'을 대체할 수 있다. 따라서 '자발적 학습'은 학교교육의 제반 측면의 변화를 이끌어 주고, 학생의 잘삶에 기여할 수 있는 핵심이 될 수 있음을 확인할 수 있다.

과로사회의 강요된
학습과 대안 탐색

서 론

지금 우리 사회는 '노동지상주의'의 세계라고 말할 수 있다(Krisis, 1999/김남시 역, 2007). 노동은 인간의 생존뿐만 아니라 사회를 유지하는 데 필수적인 활동이다. 인간은 노동으로 의식주를 해결하며 재화나 서비스를 생산한다. 이렇게 보면 노동 없는 인간의 삶은 생각조차하기 어렵다. 그런데 노동은 인간의 삶에서 반드시 필요하다고 해서 어떤 경우에나 그리고 누구에게나 가치 있는 것이라고 말할 수 있는가?

노동의 보편적 가치는 긍정적 관점과 비판적 관점이 서로 대비되고 있다. 먼저, 노동에 대한 긍정적 관점은 노동이 어디에서나 찾아볼 수 있고, 또한 누구에게나 가치 있는 것이라는 보편적 주장에서 나온다. 슈마허(Schumacher)는 노동이 유용한 상품이나 서비스 제공, 각자의 재능의 완성, 봉사와 협력을 이끌어 낼 수 있다고 말한다(Schumacher, 1979/박혜영 역, 2011: 18). 마르크스(Marx)는 유의미하고 창조적이고 자기표현적인 노동이 자본주의사회의 소외된 노동을 대체하도록 변화시켜야 한다고 주장하고 있다(Norman, 1983/안상헌 역, 1994: 219). 이러한 긍정적 관점은 노동의 자기실현적 가치를 옹호하는 노동의 철학으로 이어진다.

그리고 최근 다른 한편에서는 노동의 한계성에 대한 비판적 관점이 부상하고 있다. 벡(Beck, 1999)은 희망을 잃어버린 노동사회를 대체할 새로운 사회모델을 탐색하고, 하이데(Heide, 2000)는 노동사회로부터의 탈출구를 찾기 위한 패러다임의 전환을 모색한다. 또한 크리시스(Krisis, 1999)는 노동 지상주의에 대한 다양한 반격을 시도하고 있다. 강수돌과 하이데(2009)는 자본의 내면화에서 벗어나 노동사회를 지양할 수 있는 희망의 길을 탐구한다. 이뿐만 아니라 노동의 보편적 가치를 비판하는 입장에서 과도한 노동에 의해 사람의 삶이 어떻게 시달리고 있는지를 철학적으로(한병철, 2012) 또는 경험적으로(김영선, 2013) 밝힌 연구도 있다.

노동에 대한 이런 비판적 관점은 일이 교육에 미치는 과도한 영향력에 대해 적극적으로 성찰할 수 있는 길을 열어 준다. 특히 화이트(White, 1997)는 20세기 말에 일이 사회나 교육에 지배적인 영향력을 미치고 있는 현실을 비판하면서 일과 학교교육에 대한 새로운 비전을 추구하였다. 장원섭(2006)은 화이트의 관점에 비판적 태도를 취하며 새로운 '일의 교육학'을 개척하였다. 김희봉(2009)은 인간의 잘삶을 증진시키는 교육의 맥락에서 일의 교육을 밝히고 있다. 하지만 일과 관련된 우리 사회의 현실과 교육현실을 상호 연관적으로 진단·비판하고, 그 대안을 모색하는 교육철학적 탐구는 부족한 실정이다.

일과 교육에 관한 교육철학적 탐구는 자유교육과 직업교육의 통합에 관한 논의와 관련이 있다. 급변하는 사회의 요구에 자유교육이 적절히 대처하지 못하자 직업교육은 그 중요성이 강조되었다. 이 과정에서 프링(Pring, 1993)은 자유교육의 개념을 재규정함으로써 자유교육과 직업교육 간의 간격을 좁히려고 시도하였다. 그는 교육이 만약 삶의 실제적인 맥락과 연관성을 가지려면 자유교육의 토대 위에서 직업적 요구를 만족시켜 주어야 한다고 말하고 있다. 또한 셰플러(Scheffler, 1995)는 직업과 같은 실제 생활의 측면도 교육의 장이 될 수 있다고 보면서 자유교육과 직업교육을 통합시킬 수 있는 단서를 찾았다. 이렇게 보면 자유교육과 직업교육의 통합[1]은 자유교육이나 직업교육의 한계를 극복하려는 움직임으로 볼 수 있다.

한편, 교육의 목적을 잘삶에 두기도 한다(White, 1990/이지헌, 김희봉 공역, 2002). 잘삶에 대한 탐구는 두 가지 점에서 자유교육과 직업교육의 한계를 극복하는 데 도움이 된다. 첫째, 잘삶에 대한 탐구는 자유교육이 강조하는 '가치 있는 활동(Peters, 1966)'을 내재적으로 가치 있는 지식의 추구로만 한정시키지 않는다. 왜냐하면 잘삶은 가치 있는 활동의 영역을 폭넓게 다룰 수 있게 해 주기 때문이다. 인간의 잘삶은 수학 문제를 해결하는 지적 활동뿐만 아니라, 스포츠 경기, 자원봉사, 정원 가꾸기 등 다양한 활동을 통해서도 실현될 수 있다. 둘째, 잘삶에 대한 탐구는 직업교육이 강조하는 일의 가치를 다양하게 검토할 수 있게 해 준다. 일의 특성은 인간의 잘삶과 밀접하게 관련되어 있다. 도구적 가치가 높은 일일지라도 그것이 하기 싫은 일이고, 강요되고 오랫동안 얽매이는 일에 종사할 때 사람의 삶은 불행해질 것이다. 따라서 잘삶을 위한 교육과 일의 관계를 구체적으로 탐구해 볼 필요가 있다.

잘삶을 실현하기 위한 교육과 일은 어떤 관계에 있는가? 지금 우리

---

1) 유재봉(2002)은 프링의 관점이 자유교육에 토대를 두고 직업적 요구를 만족시키려는 것이라는 점에서 '자유교육의 직업교육화'라고 말할 수 있고, 셰플러의 논의는 직업교육을 포함한 모든 교육이 자유교육이라는 이상의 추구와 관련된다는 점에서 '직업교육의 자유교육화'라고 설명하고 있다.

사회는 미래의 성공적인 일(직업)자리를 얻기 위해 어린 학생을 준비시키는 교육에 매달리고 있다. 이 과정에서 학생의 잘삶은 직접적으로 영향을 받는다. 학생은 학교나 학원에서 밤늦게까지 힘들게 공부하고 있다. 그들은 자신이 원해서 열심히 공부하기보다는 대부분 어쩔 수 없이 공부한다(White, 1997: 147). 학생이 이렇게 힘들게 공부하는 이유는 대개의 경우 미래에 자신이 원하는 일(직업)을 얻기 위함이다. 중·고등학생은 일류 대학에 진학을 위해서, 대학생은 안정된 일자리를 얻기 위해서 공부에 매달린다. 만약 이 공부가 누군가에 의해 강요되고 하기 싫은 것이라면 그들의 잘삶은 훼손될 수 있다. 이처럼 우리 교육현실[2]이 학생들의 잘삶에 도움을 주지 못하고 있다면, 이에 대한 비판적 성찰은 필요할 것이다.

잘삶을 위한 교육에서 일의 가치를 구체적으로 탐구하고, 여기에서 나타나는 문제점을 밝히고, 극복할 수 있는 방안에 대한 논의가 필요하다. 이를 좀 더 구체화하면 다음과 같다. 첫째, 일과 연관된 사회현실과 교육현실에 대하여 치밀하게 검토하고 진단한다. 우리 사회와 교육의 문제는 과도한 일에 치여 성인이나 아이들이나 마찬가지로 인간다운 삶을 영위하기가 쉽지 않다. 부모나 교사는 장차 자신이 원하는 일(직업) 혹은 남들보다 더 좋은 직업에 취직하기 위해 힘든 공부를 참

---

2) 2012 국제학업성취도(PISA) 평가에서 우리나라는 OECD 34개국 중 수학 1위, 읽기 1-2위, 과학 2-4위로 최상위권의 성취도를 보였다(송미영, 2013). 그러나 학생들의 학업 동기나 교과에 대한 흥미, 자아효능감, 자아개념은 최하위권을 차지하고 있다. 이 결과는 우리나라 학생들의 경우 성적은 최상위권이지만, 공부에 대한 흥미나 자신감이 없다는 점을 보여 준다. 여기에 대해 프랑스 『르몽드』 신문은 한국의 아이들을 '세상에서 가장 불행한 학생들' 그리고 한국의 교육 시스템을 '세상에서 가장 경쟁적이고 고통스러운 교육'이라 보도했다(목수정, 2013. 12. 5.). PISA 결과에 대한 외국 언론의 시각은 우리 교육의 어두운 단면을 보여 주고 있다.

아야 한다고 학생들에게 말한다. 이 과정에서 학생들은 어릴 때부터 학교, 학원, 집에서 밤늦게까지 힘든 공부(일)에 매달리고 있다. 따라서 무엇이 학생을 과도한 학습에 매달리게 하는지, 학생이 힘든 학습을 참고 견디는 이유는 무엇인지, 이에 대한 분석과 진단이 필요하다.

둘째, 잘삶을 위한 교육과 일의 관계를 밝히고, 이를 뒷받침할 수 있는 개념적 기반을 탐구할 필요가 있다. 우리 사회에서 잘삶이 가능하려면, 교육을 받는 것이 도움이 된다. 이때 교육을 잘 받아서 좋아하는 일(직업)을 하는 것은 잘삶을 실현하는 한 가지 방식에 속한다. 이와 같이 교육이나 일이 잘삶과 관계가 있다면, 이들의 관계를 파악할 필요가 있다. 예를 들어, 일의 어떤 점이 잘삶에 기여하고 교육에서 일의 가치는 무엇인지를 검토할 수 있는 개념들의 탐구가 필요하다.

셋째, 학생의 잘삶을 실현할 수 있는 사회와 교육의 이상적 방안을 제시하는 것이다. 우리는 자유민주주의 사회에서 살고 있다. 이 사회에서 모든 사람은 기본적으로 평등한 자유를 보장 받고, 평등한 교육을 받을 권리가 있다. 잘삶을 교육의 목적으로 추구한다면, 모든 학생은 자신이 원하는 만족스러운 교육을 받아야 한다. 이러한 이상적 교육이 현실에서는 어렵더라도 모든 학생이 잘삶을 실현할 수 있는 쪽으로 교육의 방향은 추구되어야 한다. 따라서 왜곡된 교육현실을 극복할 수 있는, 잘삶을 위한 교육을 실현할 수 있는 대안적 아이디어를 탐색해 볼 필요가 있다.

지금의 사회와 교육은 일에 과도하게 얽매임으로써 학생의 잘삶을 어렵게 만들고 있다. 이러한 교육현실을 비판적으로 성찰하고, 극복하게 할 수 있는 대안적인 사회와 대안적인 교육은 구체적으로 어떤 것인가를 탐구하는 것이 제2부의 목적이다. 즉, 제2부의 목적은 학생들의 자율적 잘삶을 증진시키기 위해서 우리 사회와 교육이 어떤 방향으로 달라져야 하는가를 '일의 교육의 관점'에서 밝히는 것이다.

제2부는 제1부 제2장의 논의를 보다 구체적으로 다루고 있다. 따라서 제2부 각 장의 일부 내용은 제1부 제2장과 중복될 수 있다. 제2부는 다음과 같이 세 부분으로 구성되어 있다. 제3장에서는 일에 과도하게 사로잡혀 있는 사회의 특징은 무엇이며, 이런 사회에서 교육과 학습은 어떤 문제점을 갖고 있는가를 규명한다. 이를 위해서 우리 사회의 특징과 사회적 · 문화적 경향을 역사적으로 검토한 후, 일에 사로잡혀 있는 교육과 학습의 문제점을 밝힌다. 제4장에서는 사회현실과 교육현실을 극복할 수 있는 방안을 탐색하기 위한 개념적 기반으로 일, 학습, 잘삶이 서로 어떤 관계가 있는지를 검토한다. 여기에서 일의 의미와 구분, 일과 잘삶의 관계, 일과 학습의 개념적 관계를 분석한다. 마지막으로, 제5장에서는 잘삶을 위한 대안적인 사회와 대안적인 교육이 무엇인지를 제안한다. 학생의 잘삶이 실현되는 사회와 교육의 모습을 제시하고, 잘삶을 위한 일과 교육의 관계를 검토한다. 또한 대안적인 사회에서 학생의 잘삶이 실현되는 교육과 학습은 어떤 것인지를 밝힌다.

03
과로사회의 교육과 학습

우리나라의 교육열은 더 좋고 더 높은 학력에 대한 열망(학습열, 학구열)이 아니라 지위경쟁을 위한 사적 열망(김병욱, 2012: 20)이다. 이 사적 열망은 혜택이 많은 직업, 경제적으로 풍족한 삶, 남들보다 높은 지위를 추구하는 것이다. 부모와 교사, 사회는 학생을 치열한 입시경쟁으로 내몰고 있다. 학생은 과도한 경쟁 속에서 불행하고 고통스럽게 공부하고 있다. 이 과정에서 학생은 자신의 삶을 성찰할 수 있는 여유를 갖지 못한다. 학생은 나중에 더 좋은 직장을 얻기 위해 남들과 경쟁하지만, 정작 무엇이 더 좋은 직장인지, 무엇이 더 좋은 삶인지, 여기에 대한 구체적인 고민은 별로 없다(신차균, 2009: 73-75). 따라서 지금의 교육현실은 학생의 좋은 삶과 동떨어져 있다.

이 장에서는 우리의 교육현실이 어떤 사회적·경제적 현상과 연관되어 있는지 알아본 다음, 이와 관련된 사회적·문화적 경향은 무엇인지를 살펴본다. 다음으로, 그것이 어떻게 교육에 영향을 미쳤으며, 학생들의 삶을 어떻게 불행하고 고통스럽게 만들었는지를 비판적으로 고찰한다.

1. 과로사회와 일 중심성

1) 과로사회의 출현과 성격

여러 연구자는 우리 사회의 모습을 다양한 용어로 설명하고 있다. 주창윤의 『허기사회』(2013)는 우리 사회의 문화적 특징 아래 깔려 있는 것을 '정서적 허기'로 파악하고 있다. 그에 따르면, IMF 사태 이후 신자유주의가 확장되면서 경제적 결핍과 관계적 결핍이 정서적 허기를 유발하였다. 이처럼 경제적 파탄에 몰려 의지할 데를 잃어버린 사람은 무엇인가를 갈구하는 마음에 사로잡히기 쉬웠을 것이다. 주창윤의 분석에 따르면, 이런 빈 마음을 채울 수 있는 것으로는 좋았던 과거 시절을 그리워하는 '퇴행적 위로', 잘 사는 사람을 모방하려는 헛된 욕망과 지나치게 이상적인 자아를 열망하는 '나르시시즘의 과잉' 그리고 정의롭지 못한 권력의 '속물성에 대한 분노' 등이 있다(주창윤, 2013: 14).

우리 사회의 일자리, 취업, 임금 등과 관련된 사항을 다루고 있는 연구 중에는 고재학의 『절벽사회』(2013)가 있다. 그가 말하는 절벽사회란 많은 사람을 절벽으로 밀어내는 '죽임의 사회'다. 이런 사회에서 나타나는 여러 가지 절벽 중에는 평생직장이나 고용 안정이 사라져 버린 '일자리 절벽', 88만 원 세대로 굳어진 '취업 절벽', 열심히 일해도 가난에서 벗어날 수 없는 '임금 절벽' 등이 있다. 이런 절벽을 허물기 위해서 고재학이 대안으로 제시하는 것은 안정적인 일자리 지키기, 좋은 일자리 만들기, 내수를 살리는 적정 임금 등이다. 그런데 이런 진단과 대안에서는 일 중심 사회에 대한 근본적 성찰을 찾아보기 어렵고, 바로 이 점이 고재학의 분석체계가 갖는 한계라고 볼 수 있다. 또한 그는 '교육 절벽'(고재학, 2013: 79)을 논하고 있다. 개천에서 용 나기가 어렵게 되어 버린 사회는 돈 없는 서민층으로 하여금 교육 절벽에 서게 하고, 중산층의 등골이 빠지게 하는 사교육비는 그들조차도 또 다른 교육 절벽에 이르게 만든다는 것이다. 이런 교육 절벽을 극복할 방안으로서 그는 경쟁 아닌 협력과 교육의 다양성 인정을 제시하고, 이를 통해서 '개천에서 용 나는' 사회를 복원해야 한다고 말한다(Ibid.: 195).

김영선의 『과로사회』(2013)는 장시간 노동 때문에 풀리지 않는 피로에 시달리는 우리의 삶을 상세하게 밝혀 주고 있다. 그에 따르면, 장시간 노동은 체력을 회복할 시간의 확보도 힘들게 만들고, 가족관계를 해치고, 아이의 숨결을 느끼는 즐거움을 빼앗으며, 사회관계와 공동체 참여를 어렵게 만들고, 우리의 정신과 상상력을 좀먹는다. 그는 우리의 삶 자체를 팍팍하게 만드는 장시간 노동이 지배하는 사회를 '과로사회'라고 표현한다.

이와 같이 우리 사회의 모습을 허기사회, 절벽사회, 과로사회의 세 가지 용어로 알아보았다. 여기에서 저자는 '과로사회'의 개념으로 우리의 사회현실을 이해하고자 한다. 과로사회의 성격은 지금의 교육현실을 이해하는 데 도움을 줄 수 있기 때문이다. 이와 달리 주창윤의 허기사회는 사람이 역경에서 살아남기 위해 무엇이건 할 일을 찾아 나서는 열망이 빠져 있다. 또한 고재학의 절벽사회는 교육 절벽론을 다루고 있지만, '과도한 공부에 지배받는' 우리 교육의 문제점에 대한 근본적 성찰을 보여 주지 못하고 있다.

과로사회는 과도한 성과를 내기 위해 장시간 일하는 사회다. 과로사회의 출현은 일이 삶의 중심을 차지하고 있는 것과 관계가 있다. 실제로, 우리의 삶은 대부분 일로 가득 차 있다. 이른 아침부터 늦은 밤까지 혹은 한밤중에도 먹고 살 일을 찾는 사람들이 많다. 장시간 노동은 우리 사회의 전반적인 특징이 되었다. 밤늦게까지 일하는 대도시는 잠들지 않고 24시간 돌아가는 밤이 없는 사회이며, 야간 버스가 운행되고, 야식의 문화는 거의 모든 도시로 확대되어 있다. 이런 상황에서 여가는 일을 제대로 하기 위해 재충전해야 하는 시간이 되었고, 휴가는 돈을 벌기 위해 포기할 수밖에 없는 것이 되었다(김영선, 2013).

이런 과로사회에서 벗어나기란 쉽지 않다. 왜냐하면 역사적 · 사회적으로 그런 특성이 사회 속에 깊숙이 퍼져 있기 때문이다. 근대를 거치면서 대다수 사람은 일 중심의 문화에 서서히 젖어들게 되었다. 일이 삶의 중심을 차지하는 문화는 오늘날 지배적 이데올로기[1]가 되어 전 세계에 퍼져 있다. 기독교, 사회주의, 자본주의 등 거의 모든 사상에서 일은 종교적 의무, 도덕적 의무, 경제적 필수로 자리를 잡았다. 17세기 청교도주의의 종교관은 명상(사변)이라는 수도원의 이상을 자기탐닉적인 것이라고 비난하였고, 그 대신 일상적인 사업에 충실히 참여하는 것을 옹호하였다. 어떤 의미에서 종교와 사업이 가까워진 것이

---

1) 1970년대 부상한 신자유주의도 여기에 해당한다. 신자유주의는 시장에 대한 국가의 간섭을 반대하며, 시장의 자유로운 흐름을 중시한 자유주의 중 하나다. 이것의 영향을 받은 영국의 대처주의는 기업의 미덕, 가족의 가치, 과학기술의 진보를 강조했다. 수도원의 이상이 17세기에 전도되었듯이, 대학의 전통적 가치는 대처주의에 의해 추락되었다(White, 1997: 13).

다. 신이 인간에게 부여한 과업 혹은 소명을 기꺼이 실행해야 한다는 생각이 강력한 윤리적 힘을 갖게 되었다.

18세기의 신흥 부르주아들은 일 중심의 삶을 수용하고, 하층계급도 이를 내면화하도록 만들었다. 일 중심의 문화가 확대되는 과정은 19세기와 20세기로 이어졌다. 구체적인 예로, 19세기 중반 영국의 오랜 풍습이었던 성월요일(St. Monday)은 산업화 과정을 거치면서 없어지고 말았다. 월요일의 온종일 휴일이 토요일의 반쪽 휴일로 바뀌었다(김영선, 2013: 151-153). 또한 미국의 대공황 시기에 기업가 켈로그(Kellogg)는 6시간 4교대제로 노동자들에게 일자리를 나누어 주고 실업을 해소하려고 노력하였다. 그 이후 정부의 후원 아래 8시간 3교대제가 실시됨으로써 6시간제는 1985년을 기점으로 역사 속으로 사라졌다(Ibid.: 172).[2] 현실적으로 산업현장에서 8시간 이상의 노동이 강요되는 상황은 흔하게 찾아볼 수 있었다.

20세기를 거치면서 후기 근대사회는 지배계급까지도 노동하는 동물이 되도록 만들었다. 노동사회는 개별화를 통해 '성과사회'로 변했다(한병철, 2012: 40). 이 성과사회의 주체는 자기 자신을 경영하는 기업가다. 이들은 자기 주도적일 것, 자기 자신이 될 것을 요구하는 새로운 규범을 내면화한다. 이들은 원활한 작동으로 최대의 성과를 산출할 것을 요구하는 사회적 경향을 수용한다. 그들은 하면 된다는 긍정성의 언어에 사로잡힘으로써 스스로 노동하는 노예가 된다. 성과사회에서는 모두가 바쁠 뿐 아니라 심지어 상층으로 올라갈수록 더 바빠지는 현

---

2) 최근 스웨덴에서 6시간 근무제가 확산되고 있다. 그 이유는 '일과 삶의 균형'을 점점 더 중요시 여기는 스웨덴의 사회 분위기 때문이다. 하지만 근무시간 단축이 모든 유럽 국가에서 이루어지고 있는 것은 아니다(신지후, 2015. 11. 29.).

상이 나타난다. 바쁠수록 당당해지는 사회에서 바쁜 것은 일종의 특권이 되고 이런 특권을 누리기 위해 성과 주체는 자기경영 능력, 즉 자기를 스스로 바쁘게 할 수 있는 능력을 입증해야 한다. 그 결과 과다한 노동 및 성과는 자기 착취로까지 이어진다.

최근의 사회현상을 살펴보면, 오히려 일 중심의 문화가 강화되는 경향이 나타난다(White, 1997: 43). 자동화로 일이 줄어들고 고용 패턴이 달라지면서 일을 더 중시하는 사고방식이 굳어졌다. 전일제와 종신제의 직장은 줄어들고, 부족한 일자리를 놓고 경쟁이 치열해졌다. 일하는 사람들도 시장 변동과 기술 혁신에 따른 변동에 유연하게 대처하지 않을 수 없게 된다. 불확실한 미래를 위한 대비책을 마련하느라 자격 조건(스펙)을 쌓고, 직업을 전전하게 된다.

과로사회에서 노동자의 장시간 노동 관행은 여러 가지 이유로 없어지기 어렵다(김영선, 2013: 59). 장시간 노동을 이상적 노동자의 특성으로 간주하는 규범이 널리 퍼져 있거나 혹은 게으름은 죄가 되기 때문에 온종일 일해야 한다는 통념이 강하게 작용하고 있다(이옥순, 2012). 또한 저임금 구조는 일하는 시간이 늘어나게 한다. 또 일자리는 늘지 않고, 오히려 비정규직으로 나누어짐으로써 인턴직의 장시간 노동이 정규직 전환을 매개로 강요되고 있다. 정리해고는 많은 사람에게 깊은 상처를 남겼다. 그 결과 사람들은 "아직 잘리지 않고 있을 때 더 많이 벌자."며 일에 매달리게 되었다(강수돌, 2012: 281).

2) 일 중심 사회의 형성

일의 의미를 역사적으로 고찰해 보면 시대나 사회에 따라 그 의미가 다르다는 점을 알 수 있다. 고대 그리스의 자유인에게 일은 신의 저주로 간주되었으며, 일은 노예의 전유물이었다. 고대 그리스인은 일반적인 육체적 노동에 대해 특별한 편견을 가지고 있었다. 예를 들어, 장인과 노동자는 사회에 꼭 필요한 사람이지만 시민이 될 수 없었다. 또 힘든 육체적 노동을 하는 조각가도 시민이 될 수 없었다. 이 당시 일은 신의 저주를 받아 정복을 당한 적이나 노예의 몫이었다. 노예는 삶을 유지하는 데 필요한 모든 일을 담당하였고, 부유한 자유인은 그런 일에서 해방되었다. 그들은 일하지 않는 삶과 재산(땅과 노예)을 소유하는 것이 시민적 삶의 기본이라고 여겼다(Ciulla, 2000/안재진 역, 2010: 66).

중세에는 일보다 명상(기도)이 더 중요한 것으로 강조되었다가 점차적으로 일은 소명의 개념으로 변하게 되었다. 중세의 초기 기독교에서 일은 탐욕을 일으키는 악의 근원으로 간주되었다. 삶에서 나타나는 교만, 질투, 탐욕, 분노는 사람들이 더 열심히 일하거나, 일과 그에 따른 보상에 온전히 몰두하기 때문에 생겨난 것으로 여겨졌다. 이때까지 일은 현실의 삶에서 죄와 욕망을 불러일으키는 근원이었다. 이렇게 저주의 대상이었던 일이 점차 의무로 강조되기 시작했다. 6세기에 수도원을 설립한 베네딕트(Benedict)는 게으름이 해롭다고 생각했고, 노동이 사람을 부지런하게 만들고, 육체에 가해지는 속죄의 수단이라고 말했다(Svendsen, 2008/안기순 역, 2013: 36). 아퀴나스(Aquinas)는 청교도적인 노동 윤리의 첫 단서를 제공하였다. 그는 누구에게나 노동할 의무가 있고, 모든 사람은 자신을 높이고 타인을 돕는 동시에 신에게 숭배의 마음을 표현하기 위해 노동에 종사해야 한다고 하였다(Ibid.: 36-37).

종교개혁을 거치면서 일은 삶의 의미와 정체성, 구원의 징표를 찾

는 과정으로 주목받았다. 17~18세기 청교도적 삶에서 일은 신의 소
명이었고, 힘든 물리적 노동의 삶을 의무로 받아들이게 되었다. 쉬지
않고 열심히 일하는 것이 금욕의 최고 수단이자 참된 신앙의 가장 명
백한 증명 방식으로 간주되었다. 종교개혁 이전까지 일이 무의미한 저
주였다면, 그 이후 일은 의미 있는 소명이 되었다. 루터(Luther)는 신에
게 봉사하는 최고의 방법이 자기 직업에 헌신하고, 신에게 헌신하는
삶이라고 여겼다. 그는 이와 같은 수도사의 이상을 보편적 노동 윤리
로 만들었다. 따라서 그는 자기 직업에 자부심을 느끼고 열심히 종사
하는 것을 종교적 의무로 받아들였다. 직업은 신의 위대한 계획을 구
성하는 일부였고, 열심히 일해서 받는 보상은 신을 제대로 섬기는 표
시였다. 하지만 직업을 바꾸거나 출세를 지향하는 것은 신에 대한 도
전으로 여겨졌다. 이와 달리 칼뱅(Calvin)은 최대 수입을 안겨 주는 직
업을 선택하는 것이 종교적 의무라고 주장했다. 그는 언제라도 최대이
익을 얻을 수 있는 직업을 선택해야 한다고 말하였고, 원한다면 누구
에게나 자기 노동력을 팔 수 있는 근로자의 권리라는 개념을 보편화시
켰다(Ibid.: 37-39).

현대사회에서 노동은 종교적 의무라기보다는 삶의 목적이 되었다.
노동의 개념은 자신에게 의미와 만족을 주는 삶의 목적으로 발전된 것
이다. 종교적 색채가 퇴색되면서 소명의 개념은 자신의 잠재력을 최대
한 인식해야 한다는 개인적 차원으로 변하였다. 이 과정에서 노동은
신의 소명이라기보다는 자기를 인식하고 자아를 새롭게 형성하는 도
구가 된다. 사람은 노동을 통해 진정한 자아를 찾기보다, 삶의 목적을
만들어 내야 하는 의무를 자아에게 부과하게 되었다. 스벤젠(Svendsen)
은 이를 '소명 개념의 낭만적 변화'라고 말한다(Ibid.: 50). 이 낭만적

변화는 만족을 줄 수 없다는 점이 문제다. 그것은 자기 스스로 세운 궁극적·개인적 의미가 온전히 달성될 수 없기 때문이다. 새로운 자아를 만들기 위해 사람은 다른 직장을 찾아 떠나고 더 나은 지위를 추구한다. 따라서 지금 자신이 하고 있는 일(노동)에 멈추지 않고, 더 큰 만족을 얻기 위해 과도한 일에 매달리게 된다.

이렇게 보면, 지금 사회의 일 중심성은 지난 시대의 사회적·문화적 경향으로부터 영향을 받은 것이다. 특히 근대사회에서 종교적 의무인 소명은 일 중심성과 관련이 있다. 소명의 종교적 색채가 퇴색되면서 일이 개인의 정체성을 형성하는 데 반드시 필요하다는 사고가 나타났다. 이에 따라 일이 삶의 중심이라는 사회적 이상은 교육에도 영향을 주고 있다.

2. 과로사회의 교육

일 중심성은 교육 전반에 영향을 미치게 된다. 학교는 일의 세계로 학생들을 준비시키지 않을 수 없다. 학교교육은 학생에게 일(직업)로 성공하는 삶을 중요하게 강조한다. 노딩스(Noddings)는 경제적 성공만을 위한 학교교육의 역할에 대해 다음과 같이 의문을 제기하고 있다.

오늘날 교육에서 직업(경제)생활은 세상 사람들의 이목을 집중시키는 핵심사안이다. 우리는 모든 아이들이 성공하기를 원한다. 이것은 모든 아이들이 대학에 갈 준비를 하도록, 또 대학교육을 받을 것을 요구하는 일들을 하도록 준비시킨다는 뜻이다. 그렇다면 버스/트

럭운전사, 백화점 계산원, 가전제품 수리공, … 물건 나르는 사람 등이 될 모든 아이들은 어떤가? 이런 일을 아무도 하려고 하지 않는다면 우리 사회에 어떤 일이 벌어질까? 이런 사람들은 학교교육의 실패자를 대표하는가 혹은 오직 경제적 성공만을 성공으로 믿도록 그들을 유도함으로써 우리가 그들을 실패자로 만드는 것이 아닌가?

(Noddings, 2003/이지헌, 김선, 김희봉, 장정훈 공역, 2008: 62-63)

학생은 오직 경제적 성공만을 성공으로 여기고 미래의 성공적인 일(직업)을 찾기 위해 오직 공부에만 매달리게 된다. 가정과 학교는 더 나은 직업을 얻는 데 유리한 대학이나 학과에 합격시키기 위해서 학생을 치열하게 경쟁시킨다. 학생은 성과(성적)를 산출하기 위해 공부만 하는 기계로 전락하고 있다. 이런 상황에서 학생을 자유롭게 풀어 주는 아동 중심의 학교교육론은 수용되기가 매우 어렵다. 나중에 성인이 되어서 해야 할 일을 향해 경쟁적으로 준비시키는 것은 학교의 현실적 목적으로 굳어져 있다. 학생들은 진학과 취업을 준비하는 과도한 학습에 치인 나머지 삶이라는 게 거의 없어졌고, 오로지 성과를 내기 위한 공부로 내몰리고 있다.

학생의 삶과 교직 세계는 구체적으로 다음과 같이 달라진다. 첫째, 학생은 열심히 공부에만 몰두하도록 동기가 부여된다. 특히 경제적 성공이나 사회적으로 인정을 받는 중요한 직책(지위)을 차지해야 한다는 사고방식이 우선 내면화된다. 결과적으로 하기 싫은 공부도 이겨 내야 한다는 생각은 도덕적 의무가 되었다. 어쩔 수 없이 해야 하는 강제적인 공부(일)가 마치 그 자체로서 의미 있는 것처럼 받아들여지기도 한다. 공부를 잘해야 사람들로부터 인정을 받고, 특권 집단에 속할 수 있고, 사회의 지도층이 될 수 있다는 열망과 무한경쟁에서의 성공은 우월감과 배타적 특권의식으로 이어진다. 공부를 잘하지 못하는 학생에게는 심각한 고통과 불이익이 따르는 고된 일자리가 돌아가는 현실이 당연한 것으로 간주된다. 이와 함께 학생은 자기 삶의 중심을 현재의 학창 시절에 두지 못한다. 그들은 부모나 교사에 의해서 어려서부터 성인 세계의 일하는 삶을 걱정하게 된다. 아이들은 초등학생 때부터 더 나은 일자리를 얻기 위해서, 혹은 일류 대학에 들어가기 위해서, 고등학교 입시와 중학교 공부를 걱정한다. 그것은 지금 자신이 무엇을 해야 하는지를 결정하도록 몰아간다.

둘째, 학창 시절은 그 자체로서 의미 있는 시기가 아니고 일하는 성인 시기를 위한 준비 단계에 불과하다. 학생의 삶은 더 나은 일자리를 차지하기 위해서 주로 부모나 교사가 짜 준 치밀한 진로 계획으로 채워진다. 취업을 향한 인생계획의 성공은 앞서 말한 것처럼 도덕적 의무로 격상된다. 이런 상황에서 어린 학생의 현재는 미래에 종속되기 쉽고, 학창 시절의 자발적 충동에 내맡기는 삶은 거의 불가능해지고 만다.

셋째, 학생은 어려서부터 일류 대학이나 취업에 유리한 학과에 진학하기 위한 선행학습 경쟁에 내몰리고 있다. 국회는 선행학습을 금지하는 내용의 「공교육 정상화 촉진 및 선행교육 규제에 관한 특별법」(2014. 3. 11.)을 여야 합의로 통과시켰다. 이 특별법은 초·중·고등학교 및 대학의 정규 교육과정과 방과 후 학교교육과정에서 선행학습을 금지시키고, 사교육 기관인 학원이 선행학습을 광고 및 선진할 수 없도록 하고 있다. 이 법이 제정된 이유는 선행학습이 초등학교 때부터 과도하게 시작되고 있기 때문이다. 초등학교 4학년 때 수학 선행학습을 시작해 3년 만에 고등학교 2학년까지의 8년 과정을 선행하는 경우도 있다(김지훈, 박수지, 2014. 2. 19.).

넷째, 일이 지배하는 과로사회는 학생뿐만 아니라 교사에게도 영향을 미친다. 교직 세계는 일의 세계로부터 큰 영향을 받게 된다. 교사는 원대한 교육목적을 성찰할 여유도 없이 '교과 수업의 전문가'가 되도록 육성된다(Ibid.: 144-146). 각 교과 영역에서 처방된 수업목표를 효과적으로 달성하는 능력을 갖춘 교사는 학생의 시험성적을 높이는 데 크게 이바지한다. 현실적으로 여러 가지 교과 교육이 학생들을 경쟁시키고 선발하는 지적 도구로 활용되며, 지식사회의 요청이라는 핑계로 늘 추가되는 새로운 교과 내용으로 말미암아 교사의 부담은 더욱더 커진다. 경쟁 시험의 주요 도구가 되고, 경제 발전의 핵심 수단으로 간주하는 국어, 영어, 수학 담당 교사들의 삶은 휴가 시간까지 반납하고 일함으로써 소득을 증대시키는 노동자의 삶과 거의 비슷해진다.

과로사회의 과도한 일이 사람들의 삶을 어렵게 만드는 것처럼, 학생의 삶을 일찍부터 힘들게 만든다. 학생은 지나치게 많은 공부에 몰두한다. 전위성(2011)은 초등학생이 과도한 학습노동에 시달리고 있다는 점을 강조하고 있다. 초등학교 6학년은 일주일 평균 18시간 42분을 사교육(예체능, 학원 숙제 시간을 포함)에 소비하고 있다. 여기에 학교수업 25시간을 더하면 주당 학습시간은 43시간 42분에 달한다. 이는 공식적인 통계치 33시간 54분보다 10시간 많은 것이며, OECD 국가 중에서 가장 오래 일하는 한국 노동자의 평균 근로시간보다 2~3시간 더 긴 것이다. 더욱 심각한 것은 43시간 42분이 '평균 학습시간'이라는 사실을 강조하고 있다(전위성, 2011: 27). 이렇게 볼 때 아이들의 학습은 육체적으로나 정신적으로 고달픈 노동에 해당한다.

경제적 성공을 목적으로 삼고 일의 세계를 준비하는 과정에서 학생은 성과를 내기 위한 경쟁으로 내몰리고 '일만을 위한 삶'을 자기 삶의 주요 목표로 간주하게 된다. 또한 일이 좋은 삶의 핵심이라고 여기는 태도는 부모나 교사에 의해 더욱 내면화되고 있다. 부모와 교사는 학생을 일 중심 사회에 적합하도록 준비시킨다. 그들은 학생에게 인생 최고의 목표를 좋은 일자리를 얻는 것, 바꿔 말하면 더 나은 직업에 두고 있다. 그들은 일에 의해 계층화된 사회 안에서 아이들이 모종의 위치를 차지하기 바란다. 또한 상위권 학생에게는 더 나은 직업에 수반되는 특권을 누릴 수 있도록 핵심 집단에 들어가는 데 필요한 지식과 추진력을 갖도록 장려한다. 나머지 학생은 새로운 기술을 배우는 것, 직업의 불안정에 대처하는 긍정적인 성향 그리고 비정규직 고용 안에서의 삶을 가르친다.

교육정책도 학생을 일 중심 사회에 적합하게 입안된다. 선발적 교육정책은 전문인이나 경영인으로서 정규직의 고용 범주에 들어가게 될 학생과 그렇지 않은 학생을 일찍부터 구분한다. 학교교육은 일류대학에 들어가 더 나은 직업을 성취하는 것이 인생 최고의 목표라며 학생에게 무한경쟁을 강요한다. 같은 학교 안에서도 경쟁체제가 심화되고 있다.

이와 같은 상황 속에서 학생은 어려서부터 자기 인생 목표를 일(직업)에 두게 된다. 그들은 밤늦게까지 공부하는 이유를 더 나은 직업에서 스스로 찾는다. 이것은 자신의 삶을 더 나은 직업으로 제한하는 것일 수 있다.

어린 나이부터 치열하게 공부하는 대한민국의 교육 현실은 이들에게 놀라움 그 자체였다. "부모님이 강요해서 학원에 다니나요?"

학생들의 학구열이 부모에게서 비롯된 것은 아닌지 궁금해서 브라이언이 아이들에게 질문을 던졌다. 그러자 상당수의 학생들이 강요에 의해서가 아니라 자신이 필요해서라고 대답했다. 한창 놀고 싶은 나이의 어린 학생들이 자발적인 의지로 늦은 밤까지 공부한다니, 진행자들은 입을 다물지 못했다. 그리고 그렇게 대답한 것은 아니지만, 학원에 다니면서까지 치열하게 공부하는 이유가 **좋은 대학에 가서 돈 많이 버는 직업을 갖고 좋은 배우자를 만나기 위함**이라는 아이들의 말에 이들은 또다시 충격에 빠졌다.

(KBS 공부하는 인간 제작팀, 2013: 22; 저자 강조)

이 사례에서 학생들이 치열하게 공부하는 이유는 너무나 현실적인 꿈을 이루기 위해서다. 이때 현재의 행복, 자기 삶의 만족, 호기심, 미래에 대한 기대감 등은 뒤로 처진다. 성공적인 삶은 일류 대학을 나와 좋은 직장에 들어가는 것이다. 그런데 이 인용문을 보면, 이것은 '부모의 강요가 아니라 자발적인 의지'에 의한 것이다. 이 학생의 대답은 부모나 교사의 생각과 사회적 이상이 암암리에 스며든 것으로, 일 중심의 사회적 요구를 충실하게 반영한 것으로 볼 수 있다. 그런데 이 학생은 일을 통해 성공적인 삶이 가능하다는 사회적 이상을 자발적인 의지로 받아들인 것인가?

독일의 한 언론은 한국 학생들의 일상적인 삶을 '억지로 머리에 쑤셔 넣는' 교육으로 표현하고 있다. 이처럼 억지로 머리에 쑤셔 넣는 공부는 하기 싫고 재미없는 것이 대부분일 것이다. 학생은 경쟁하기 위해 이런 것들을 어떻게 해서든지 참아야 한다. 부모와 교사는 힘든 학습을 당연하다고 여기고, 이를 학생에게 강요하고, 학생은 이를 내면화한다. 그런데 이러한 것들이 정당화되고 지속되는 이유는 무엇 때문인가? 이에 대한 논의가 필요할 것이다.

3. 과로사회의 강요된 학습

1) 강요된 학습의 합리화 논리

(1) 진로와 인생계획

진로는 자신의 인생을 계획하는 것이다. 학생들은 자신이 추구해야 할 삶의 목표 안에서 현재의 삶을 조정하고 계획한다. 이 과정에서 그들은 자신이 미래에 구체적으로 무슨 직업에 종사할 것인지, 어떤 목표를 달성할 것인지를 고민한다. 또한 진로는 학습이 필요한 이유가 되기도 한다. 여행가나 야생동물 전문 사진작가가 되고 싶은 학생은 세계지리나 별자리에 관한 천문지식, 동물의 계통 관계를 배울 필요성을 느낀다. 이 때문에 부모나 교사, 사회는 학생을 어려서부터 자신의 진로를 학습과 연관해서 '고민'하도록 유도한다. 이것이 미래의 삶을 계획하고 준비하는 것이기 때문이다. 그런데 우리의 경우 학생의 진로는 타인이 만든 인생계획에 의해 강요되는 경향이 있다. 부모나 교사는 학생이 어릴 때부터 자신의 진로를 걱정하게 만든다. 어떻게 사는 것이 윤택한 삶인지, 사회에서 존경받는 일(직업)은 무엇인지, 노후 걱정 없이 살 수 있는 일은 무엇인지, 급변하는 노동시장에서 안정된 직업은 어떤 것인지, 경제적으로 풍족한 직업은 무엇인지 등을 고민하게 만든다. 학생은 미래에 종사하게 될 일(직업)과 퇴직 후의 삶 전체를 고려하도록 내몰린다. 그뿐만 아니라 부모나 교사는 '미래의 일자리'에 학생을 가둔다. 이 안에서 자신의 진로를 걱정하게 하고, 아직 미래에 자신의 목표를 선택할 수 없는 아이나, 오지 여행가를 원하는 아이는 종종 더 나은 직업에 종사할 때 윤택한 삶이 가능하다고 직간접적으로 강요(설득) 당한다. 이러한 인생계획은 자신의 인생계획이 아니라 타인에 의한 '강요된 인생계획'이 된다.

그렇다면 왜 이렇게 부모나 교사는 인생계획을 강요하고 걱정하게 만드는가? 그 이유는 나중에 성인이 되어 더 잘 살도록 만들기 위해서다. 이때 잘사는 것은 대개 더 나은 직업과 관계가 있다. 더 나은 직업은 경제적으로 풍요한 직업으로 높은 수입, 사회적 지위, 여유로운 노후, 복지 혜택, 휴가, 타인에 대한 권력 등을 포함하고 있다. 흔히 미래에 잘사는 것을 직업과 연결시키는데, 이것은 더 나은 직업에 종사하는 것을 삶에서 가장 우선적인 목표로 여기는 것이다. 이렇게 된다면 아이들의 진로는 주로 직업의 종류와 혜택으로 제한된다. 그러나 삶의 목표는 꼭 더 나은 직업에만 해당하는 것인가? 인생의 진로를 더 나은 일자리에 취업하는 것으로 제한하는 것과 자신이 삶에서 성취하고 싶은 모종의 목표를 스스로 추구하게 하는 것은 다르다. 전자는 강요된 인생계획이며, 후자는 자발적 삶의 목표에 해당한다. 화이트는 취업이 만족스러운 삶의 필수요소인가라는 의문을 제기하며, 이것을 더 큰 논의, 즉 인생계획과 연결시켜서 논의한다.

일부 철학자들의 경우, 일찍부터 넓은 의미에서 미리 계획하는 삶이 잘삶이라고 믿는다. 우리는 그렇게 하는 사람들을 익히 알고 있다. 예컨대, 어떤 사람은 치과대학에 가고, 40세가 되면 런던의 부유한 지역에서 유명한 치과의사로 활동함으로써 혁신적인 치료 활동으로 동료들로부터 찬사를 받고 싶다는 결정을 16세에 내린다. 여기서 다음과 같은 의문이 생긴다. 인생계획은 개인의 잘삶의 불가결한 부분인가 혹은 그런 식으로 준비하기를 더 좋아하는 사람들의 한 가지 선택일 뿐인가?

(White, 2011/이지헌, 김희봉 공역, 2014: 148)

화이트는 한때 '미리 계획하는 삶'이 잘삶과 관련 있다는 롤스(Rawls, 1971)의 아이디어에 동의하였다. 그는 사람들의 잘삶이 잘 짜인 인생계획 안에서 가능하다고 여겼다(White, 1982). 그러나 나중에 인생계획과 잘삶 사이의 연결이 필연적인 것보다 우연적이라는 것을 깨닫게 되었다(White, 1990/이지헌, 김희봉 공역, 2002). 그는 인생계획과 잘삶의 관계를 우연적인 것이라고 보았다. 롤스의 아이디어가 간과하고 있는 것은 사람마다 삶에 접근하는 방식이 개별적으로 다를 수 있다는 점이다. 어떤 사람은 즉흥적이지만, 어떤 사람은 미래지향적인 태도를 지닌다(White, 1997: 94).

학생의 진로를 경제적 성공으로 제한하고, 더 나은 일자리를 얻기 위한 인생계획을 강요하는 것은 일 중심의 사회의 특징이다. 왜냐하면 일은 우리 삶에서 중요한 가치를 지니며, 직업이나 일 없는 삶을 상상하기가 어렵다고 보기 때문이다. 그러나 일이 우리 삶에서 중요한 위치를 차지한다 할지라도 인생계획을 더 나은 직업으로만 제한해서는 안 된다. 그 이유는 삶의 목표의 다양성이나 혹은 사회의 불확실싱에서 찾을 수 있다.

첫째, 더 나은 직업만이 삶의 목표가 되는 것은 아니다. 물론 어떤 아이들은 어려서부터 경제적으로 풍족한 직업을 자신의 목표로 선택한다. 반면, 누군가는 타인에 대해 봉사하는 삶이나, 관대하고 정의로운 사람, 타인에게 가치 있는 사람, 유머 있는 사람, 오지를 탐험하는 도전적인 삶을 자신의 주요한 목표로 선택할 수 있다. 더 나은 직업을 얻기 위한 인생계획은 학생이 추구할 수 있는 삶의 일부에 해당한다.

둘째, 인생계획은 불확실해지고 있다. 부모나 교사의 인생계획은 과거에 기반한 것이다. 하지만 학생의 삶은 미래의 것이다. 부모나 교사가 현재를 기반으로 삼아 미래의 더 나은 직업이 무엇인지를 가정하고, 이를 통해 학생의 진로를 결정하는 것은 불확실할 수 있다. 직업관은 시대와 사회에 따라 변하기도 한다. 특히 고용시장의 변화나 기술의 발달은 일과 직업, 삶의 방식을 급변하게 만든다. 이때 사람의 인생계획과 개인의 삶은 종종 단절되기도 하며, 안정된 평생고용은 사라지고 있으며, 불확실한 고용의 패턴은 자연스러워진다. 이러한 변화는 부모나 교사의 인생계획뿐만 아니라 자신이 원하는 삶의 계획도 불확실하게 만든다.

이렇게 보면, 개인이 추구하는 목표의 다양성과 사회가 돌아가는 상황의 불확실성은 인생계획을 어렵게 만든다. 그럼에도 불구하고 부모나 교사는 왜 자신이 구상한 인생계획을 학생에게 강요하는가? 그것은 현재의 삶이 미래를 위해 존재한다는 시간관에서 비롯된 것이다. 미래를 위해 현재를 견뎌내야 한다는 생각의 밑바탕에는 미래를 위해 현재를 희생할 수 있다는 믿음이 깔려 있다. 이러한 삶의 태도는 청교도의 노동 윤리가 남긴 '지연된 만족'이라고 말할 수 있다(Svendsen, 2008/안기순 역, 2013: 182). 청교도의 노동 윤리에 따르면 먼저 열심히 일하고 열매는 나중에 거둬야 한다는 것으로, 그것은 현세가 아닌 내세의 개념이 포함된 종교적 배경을 담고 있다. 이러한 사고방식의 근원은 종교적 전통에서 찾아 볼 수 있다. 오래전부터 인생계획은 신을 향한 종교적 의무에 필요한 것이었다. 기독교나 힌두교에서는 나중을 위해, 현세보다 내세를 위해 지금의 힘든 삶과 고통을 참아 내야 한다고 가르친다. 이처럼 인생계획은 미래지향적이며, 지금(현재)의 행복보다 나중(미래)의 행복이 더 중요하다는 믿음이 의심 없이 받아들여지고 강요되고 있다.

결국, 학생에게 현재의 힘든 학습을 강요하는 것은 현재의 행복보다 미래의 행복을 위해서다. 학생은 현재의 만족을 뒤로 미루고 힘든 학습을 참아 내도록 동기가 부여되고 있다. 이때 학습은 진로에 대한 관심으로 합리화되고, 진로는 더 나은 직업을 향한 인생계획으로 제한된다. 부모는 학생이 장차 어떤 직업에 종사할 것인지를 걱정하고, 학생은 일만을 위한 인생계획이라는 틀에 갇힌다. 이것은 자발적인 인생계획이 아니라 강요된 인생계획이다. 현재의 만족은 지연되고, 진로는 더 나은 직업, 다시 말하면 경제적으로 풍요롭고 안정된 직업, 높은 수입, 사회적 지위, 여유로운 노후, 복지혜택, 휴가, 타인에 대한 권력 등을 지향한다. 진로에 대한 관심은 일이 중심이 되는 삶으로 학생을 내몰고, 현재의 행복을 뒤로 미루게 한다.

(2) 자기 이익을 위한 경쟁

강요된 학습에 힘들어하는 학생은 '왜 이렇게 힘든 공부를 꼭 해야만 하는지' 의문을 가질 것이다. 이때 부모나 교사는 남들과의 경쟁에서 이기기 위해서 또한 미래에 좋은 직업을 얻기 위해 지금 참는 것이 자신에게 이익이 된다고 말한다. 즉, 그들은 치열한 입시와 취업 경쟁에서 살아남는 것이 중요하다고 학생을 설득한다. 물론 경쟁에서 이기는 것이 학생에게 이익이 될 수 있다. 그러나 지나치게 힘들고 강요된 성과(성적)를 위해 경쟁하는 것이 정당화될 수 있는가? 또한 자기 이익만을 위한 경쟁이 오히려 아이들의 삶에 부정적인 영향을 주는 것은 아닌가?

부모나 교사의 조언에는 다른 사람보다 높은 점수를 받아서 경쟁에서 이기면 사회에서 성공할 수 있다는 신념이 그 밑바탕에 깔려 있다. 경쟁을 삶의 한 방식으로 옹호하는 사람들은 경쟁에서 반드시 이겨야 한다거나, 삶에는 승자와 패자가 분명히 나누어진다는 신념을 갖고 있다(고요한, 2009: 119). 이 신념은 경쟁에서 이기는 것이 자신에게 이익이 된다는 점을 강조한다. 부모나 교사가 힘든 학습을 합리화시키려는 논리에도 이런 신념을 바탕으로 하고 있다.

학습은 자신에게 이익을 가져다주는 삶의 수단이다.[3] '좋은' 대학에 들어가거나 미래에 자신이 원하는 직장(일)을 얻기 위해서는 여러 가지 지식, 기능과 태도를 배워야 한다. 이것은 사회적 기여나 공헌보다는 먼저 자기 자신의 이익과 관계가 있다. 그러나 무언가를 배우는 것이 외부의 압력이나 강요에 의해 자발적으로 이루어지지 않을 때 자기 이익은 협소하게 제한될 수 있으며, 부정적 측면이 발생할 수 있다. 이런 점들을 자세히 살펴보면 다음과 같다.

---

3) 물론 학습의 내재적 가치를 생각해 볼 수 있다. 학습은 수단이 되기도 하지만 그 자체로서 가치가 있다. 예를 들어, 복잡한 수학 증명 문제를 해결하는 과정에서 오는 즐거움과 희열은 내재적 가치에 해당되며, 또한 데카르트(Descartes)의 말처럼 진리에 도달하기 위한 수학적 원리는 그 자체로 가치 있는 것이다. 이러한 내재적 가치는 종종 수단적(도구적) 가치보다 중시되는 경향이 있다. 그러나 어린아이들이나 중등교육에서 학습 그 자체를 가치 있게 간주하는 것은 다소 무리가 있을 것이다. 아이들에게 있어서 학습은 '삶을 위한 교육'의 일환이지, '학습 그 자체만을 위한 교육'이 전부는 아니기 때문이다. 따라서 학습에 대한 수단적 관점은 아이들 자신의 삶과 이익을 위해 필요하다고 볼 수 있다.

첫째, 강요된 학습에 의한 경쟁은 오히려 자기 이익을 협소하게 만든다. 부모나 교사의 강요는 학생에게 모종의 압력으로 작용한다. 이때 학생은 예측하기 힘든 미래의 더 큰 자기 이익을 위해 현재 누릴 수 있는 여러 이익을 제한 당한다. 다음과 같은 사교육업체의 광고는 협소한 자기 이익의 한 사례에 속한다. 이 광고의 오른편에는 다정한 친구 사이로 보이는 두 소녀가 웃고 있고, 그 왼편에는 다음과 같은 글이 쓰여 있다.

> "새 학기가 시작되었으니/ 넌 우정이라는 그럴듯한 명분으로/ 친구들과 어울리는/ 시간이 많아질 거야/ 그럴 때마다/ 네가 계획한 공부는/ 하루하루 뒤로 밀리겠지/ 근데 어쩌지?/ 수능 날짜는 뒤로 밀리지 않아/ 벌써부터 흔들리지 마/ 친구는 너의 공부를 대신해 주지 않아."
>
> (이정국, 2013. 2. 27.)

이 광고 문구는 우정보다 공부가 더 중요하다는 점을 강조하고 있다. 그렇지만 좋은 우정이 학생의 잘삶에 얼마나 중요한지는 두 말할 필요가 없다(Noddings, 2003/이지헌, 김선, 김희봉, 장정훈 공역, 2008: 308). 이 밖에도 학생의 현재 삶에서 그들 자신에게 이익이 되는 것들이 많다. 자신이 좋아하는 스포츠 경기, 공상과학 소설 읽기, 장애우를 위한 수화 배우기, 외교관이 되기 위한 영어 공부 등은 현재나 미래에 자신의 삶을 풍요롭게 만들 수 있는 것에 속한다. 이것들을 즐기고 성취하며 알기 위해서는 학습이 필요하다. 학습은 미래의 일(직업)을 얻는 데 필요할 뿐만 아니라, 현재의 삶 속에서 개인의 주요한 목표를 성취하거나 자신에게 가치 있는 것을 실현하기 위한 수단이 된다.

둘째, 자기 이익을 위한 학습은 부정적 측면을 드러낸다. 학생은 모종의 학습결과를 성취할 때 만족감을 얻기도 한다. 어려운 수학 문제의 해결에서 얻는 자신감, 과학 경시대회 입상에 따른 교사와 친구들의 인정 등은 긍정적 측면이다. 이것은 학생 자신에게 이익이고, 학교생활과 사회생활에서도 마찬가지다. 그런데 자기의 이익을 위해 경쟁에서 이겨야 한다는 강요와 압력은 학생에게 중압감으로 작용한다. 학생은 경쟁에서 초조함을 느낄수록 공부 이외의 모든 관심을 스스로 차단하거나 차단당한다. 지나친 경쟁은 학생을 눈앞의 점수 경쟁에 매달리게 함으로써 문제의식을 스스로 느끼지 못하거나, 그런 기회를 빼앗아 버린다. 그 결과 학생은 자기 삶의 주인이 되지 못하고, 남의 지시에 따라 움직이는 타율적인 인간으로 자라게 된다(신차균, 2009: 81-82). 이러한 모습은 우리 주위에서 쉽게 볼 수 있다. 서열화를 위한 점수는 어릴 때부터 학생을 무한 경쟁으로 내몰고, 이 과정에서 성적은 그들의 정체성을 결정한다. 부모나 교사는 남들과 경쟁에서 이겼을 때 오는 우월감을 부추기고, 성적이 낮은 아이들보다 더 많은 자유를 보장해 준다. 이때 학생은 자신이 원하는 무언가를 성취하기보다는 부모나 교사에 의해 성적(성과)을 위한 학습경쟁에 내몰린다. 한편, 학습경쟁에서 뒤처진 학생은 무엇을 알게 되는 것일까? 지적(학문적) 수월성이 다른 것에 비해 아주 중요하게 간주되는 학교나 가정에서 학생들은 자신의 성적에 따라 정체성을 달리 형성하게 된다. 자신보다 지적(학문적)으로 더 "똑똑한 친구들과 맞설 수 없다는 것을 일찍 알게 된다는 것은 가슴 아픈 일일 것이다."(Noddings, 2003/이지헌, 김선, 김희봉, 장정훈 공역, 2008: 42).

학생의 학습이 자기 이익의 수단으로서 지나치게 강조된다면 자기 이익의 범위가 협소해지고, 그들의 삶이 타인의 삶으로부터 분리될 가능성도 커진다. 이는 관계적 결핍으로 이어진다. 더 나아가, 자기 이익만을 위한 학습은 부정적 측면을 드러낸다. 자기 이익을 위한 학습경쟁은 자신감이나 타인의 인정 등과 같은 긍정적인 만족감을 낳지만, 우월감이나 타율성으로 변질되기도 한다. 특히 서열화를 위한 점수는 남들과의 경쟁에서 이겼을 때 느끼는 우월감을 부추기고, 성적이 낮은 학생들보다 더 많은 혜택을 누리는 것을 당연하다고 생각하게 한다.

이렇게 보면 강요된 학습이 합리화되는 것은 미래의 성공이 일(직업)에 있다는 일 중심의 사회적 이상과 관련이 있다. 일 중심성은 제한된 일자리를 놓고 학생을 경쟁하게 만들고, 부모나 교사로 하여금 학생을 어릴 때부터 준비시키게 만든다. 그 결과 학생은 과로사회의 노동자처럼 지치고 힘든 삶을 살게 된다.

2) 강요된 학습의 결과

누군가에 의해 짜인 인생계획과 협소한 자기 이익은 학생의 행복한 삶이나 잘삶을 어렵게 만들 것이다. 그리고 강요된 학습은 더 직접적으로 학생에게 불행을 가져올 수도 있다. 왜냐하면 학생에게 하기 싫고 힘든 학습을 지속시키기 위해서는 감시와 처벌이 필요하기 때문이다. 이로 인해 학생들은 병리적 상태에 빠지게 되며, 자기 삶에서 소외되기도 한다.

학생의 병리적 상태는 무기력과 불안으로 나타난다. 첫째, 학생은 자기 삶에 무기력해진다. 그들은 아무리 노력해도 목표에 도달하지 못하고, 어느 것에도 자신이 영향력을 미칠 수 없게 될 때 무기력해진다. 학생은 원래부터 무기력한 것이 아니라 무기력하기를 그들이 선택한 것이다(이승욱, 김희경, 김은산, 2012: 35). 무기력은 학습에 대한 의미나 목적도 없이 학교와 학원을 챗바퀴 돌면서 열등감을 키우고 있는 학생이 살아남기 위한 선택이며, 부모에게 할 수 있는 마지막 남은 보복이라고까지 말하기도 한다. 한국 청소년의 학습된 무기력의 발생 원인에는 부모의 성취 압력이 들어 있고(이명진, 봉미미, 2013: 80), 부모의 학업압력이 높을수록 자녀의 학습된 무기력은 증가하는 경향을 보인다(박성희, 김희화, 2008: 160).

둘째, 학생은 불안한 상태에 놓이기도 한다. 불안은 성적 향상이라는 목표를 추구하는 데만 몰두하는 상위권 학생에게서 주로 나타난다. 그들은 어려서부터 '주어진' 목표만을 향해서 돌진하는 삶을 살았기 때문에 목표가 없는 삶을 오히려 불안하게 느낀다. 비록 불안감을 해소하기 위해 목표를 세우지만 이런 목표는 대체로 자신이 진정으로 원하는 것과 무관한 것이 대부분이다(이승욱, 김희경, 김은산, 2012: 79). 그들은 자기 생각, 느낌, 가치, 욕구, 경험을 바탕으로 삼아서 자신의 삶이 무엇인지를 진지하게 고민하지 못하고 그저 주어진 목표만 지향하는 삶을 살아가게 된다.

강요된 학습의 부정적 결과로 나타나는 무기력과 불안은 총체적으로 학생을 소외된 삶으로 이끌어가기 쉽다. 학생은 자신의 삶뿐만 아니라 학습으로부터 소외되고 있다. 그들은 자신이 원하는 시간에 학습할 수 없으며, 무엇을 배워야 할지 결정하지 못한다. 단지 부모가 등록한 학원, 학교에서 의무적으로 계획되고 정해진 목표를 수행한다. 학생은 학습목표나 내용, 절차를 자신이 결정하고 선택하는 것이 아니라 외부에서 짜 놓은 시간표에 의해 움직일 뿐이다. 이 때문에 학생은 자신의 학습에서 소외되고, 도달해야 하는 목표에서 소외된다. 여기서 소외(alienation)는 현대사회에서 발생하는 상품화, 기계화, 관료화 등에 따른 비인간화 현상을 비판하기 위해 주로 사용되는 용어다. 특히 자본주의사회에서 상품, 자본, 기계가 중심이 되는 생산 활동으로 인해 인간의 주체성과 자율성이 상실되는 문제점을 비판하기 위해 사용하는 개념이다(손철성, 2007: 164).

이렇게 보면, 학생의 소외된 학습은 마르크스의 소외된 노동과 비슷한 맥락을 지닌다. 이 둘의 유사성을 직접적으로 밝히는 것은 쉽지 않은 일이다. 마르크스는 노동 소외를 크게 '사적 소유로 인한 소외'와 '분업으로 인한 소외'로 양분한다. 사적 소유로 인한 소외는 노동 생산물로부터의 소외, 생산 과정으로부터의 소외, '유적 존재'로부터의 소외, 인간으로부터 소외 등으로 세분된다. 그리고 분업으로 인한 소외를 사회적 분업으로 인한 소외와 기술적 분업으로 인한 소외로 양분한다(손성철, 2007). 이 책에서는 강요된 학습으로 인한 학생의 소외된 삶과 마르크스의 소외된 노동과의 유사성을 논의하기 위해 노동 생산물로부터의 소외와 생산 과정으로부터의 소외만을 다루고자 한다. 여기서 미루어 짐작할 수 있는 유사성은 누군가에 의해 강제적이며, 과도한 성과를 추구하며, 자신이 원하지 않은 일(학습)을 한다는 점이다. 이러한 유사성을 다음 두 가지로 비교해 볼 수 있다. 첫째, 노동 생산물로부터의 소외다. 이것은 노동자가 생산한 생산물이 오히려 노동자를 억압하고 종속시키는 데서 발생하는 소외다(Ibid.: 184). 강요된 학습의 결과(성적)는 노동자를 억압하는 생산물과 비슷하다. 예컨대, 어떤 학생의 수학 점수 60점은 자신의 삶을 억압하는 수단으로 사용될 수 있다. 어떤 부모는 더 많은 수학 점수를 얻게 해 준다는 학원에 자녀를 다시 등록시키고, 자녀가 더 오랜 시간 동안 많은 문제를 풀도록 해 달라고 학원에 요구한다. 이때 학생의 삶은 점수(생산물)에 의한 억압으로 무기력해진다.

둘째, 생산 과정으로부터의 소외다. 이 소외는 자본가에게 고용된 노동자가 자본가의 요구와 지시에 따라 주어진 임무만을 수행할 때 나타난다. 이 때문에 생산 과정에서 자율성과 창의성은 무시된다. 노동자는 이 과정에서 행복보다는 불행이라는 비인간화를 경험하게 된다 (Ibid.: 185). 강요된 학습은 학생에게 주어진 목표만을 지향하게 한다. 학생이 배우는 많은 수업목표나 수업내용은 대부분 자신의 선택보다는 부모의 강요나 교사의 지시에 따라 수행된다. 학생은 학습과정에서 자율성과 창의성보다는 타율성 쪽으로 변한다. 누군가에 의해 주어진 목표만을 수행하는 타율적인 학생은 정작 자신이 진정으로 원하는 가치나 욕구를 찾지 못하고 불안해한다.

부모나 교사가 과도한 학습을 강요하는 이면에는 미래에 성공적인 삶을 일(직업)에 두고 있다. 강요된 학습의 결과는 학생의 삶을 힘들게 만든다. 그들은 무기력하고 불안해하며, 이로 인해 소외되고 불행한 삶을 보내게 된다. 학생 스스로 이를 극복하기란 쉬운 일은 아닐 것이다. 강요된 학습을 극복하는 경우는 아주 드물게 나타난다. 강요된 학습의 목표인 '더 나은 일자리'가 마침내 효력을 잃어버리는 사례는 다음과 같은 인용문에서 엿볼 수 있다.

시험불안으로 고민이 많았던 A는 무사히 좋은 대학에 들어갔다. 4년간 장학금을 받으며 졸업 후 경쟁률이 높은 회사에 당당히 합격

했다. 이 회사는 연봉도 탄탄하고 복지 제도가 잘 되어 있는 모두가 선망하는 꿈의 직장이다. … 부모는 조금 무리해서 고등학교 때부터 꾸준히 고액과외를 시킨 것이 얼마나 다행인지 모른다고 생각했다. 문제는 유럽 여행을 간 딸이 행방불명된 것이다. 회사에는 이미 사표를 낸 것이다. 부모는 친구를 통해 딸이 아프리카로 봉사를 떠났다는 사실을 알게 되었다. 어렵게 연락이 되었지만, 아이는 앞으로 몇 년 어떻게 살지 아직 모르기 때문에 찾지 말라고 했다. 부모님의 뜻을 거스르지 않고 살아왔지만, 앞으로는 **자신의 인생을 찾고 싶다**고 했다. 그동안 부모님을 기쁘게 해 드리기 위해서 더 높은 성취와 지위를 향해 아등바등 살았지만 실은 너무 버거웠다고 고백했다.

(이승욱, 김희경, 김은산, 2012: 59-60; 저자 강조)

이 인용문의 A처럼 자신의 인생을 찾아 나서는 것은 비교적 드문 경우에 속한다. 왜냐하면 강요된 학습을 합리화하는 교육에서는 좋은 삶에 대한 비전이 학생에게 열리기가 어렵기 때문이다. 따라서 미래에 성공적인 일자리를 얻는 것만이 좋은 삶의 전부는 아닐 것이다. 봉사하는 삶, 관대하고 정의로운 삶, 타인에게 가치 있는 삶, 유머가 넘치는 삶, 오지를 탐험하는 도전적인 삶에서 학생 각자는 좋은 삶을 다양하게 펼칠 수 있다.

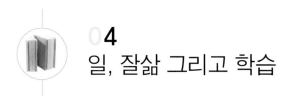

04
일, 잘삶 그리고 학습

동아시아형 교육의 특징은 주입식과 시험지향성이다(佐藤, 2001/손 우정, 김미란 공역, 2012: 41). 우리나라와 일본, 중국에서는 대량 지식을 획일적·효율적으로 전달하고, 개인 간의 경쟁을 통해 이를 확실하게 습득시키는 교육을 추진해 왔다. 경제적인 효율성을 추구하는 입장에 서 보면 학교는 공장의 시스템과 비슷하다. 이 과정에서 교과 학습을 회피하고, 결국 배움으로부터 도주하는 학생들이 증가하고 있다(Ibid.: 19). '배움으로부터의 도주'는 학교교육의 심각한 위기로 지적되고 있다. 학교는 이제 배움의 장소가 아니라 일하는 공장과 같이 획일성과 효율성만 강조되는 곳이 되었다. 이러한 학교교육의 특징은 일 중심의 사회적·문화적 경향과 관계가 있다. 이 관계를 경험적인 사실을 중심 으로 파악하는 것은 현상을 이해하는 데 그칠 수 있다. 이를 넘어서 만 일 그 현상의 이면에 놓여 있는 논리와 개념적 관계를 파악할 수 있다 면, 그 문제점이 보다 명확히 드러날 수 있고, 나아가 대안 모색에 도움을 줄 수 있을 것이다. 이를 위해 이 장에서는 일, 잘삶, 학습 간의 관련성을 규명해 보고자 한다.

1. 일의 의미와 구분

1) 일의 의미

대학에서 학생과 교수의 관계는 고등학교 때보다 더 다양하게 형성된다. 예컨대, 학생들을 좋아하는 교수는 강의시간 외에 그들과 함께하는 시간을 자주 갖는다. 어떤 교수는 학생들과 종종 테니스 게임도 한다. 학생들과 함께 테니스 게임을 하는 기회는 교수뿐만 아니라 학생들에게도 즐겁고, 의미 있는 활동이 된다. 그런데 이처럼 즐겁고 의미 있는 활동(activity)이 의도적인 일(work)로 바뀔 수 있다. 만약 그런 활동을 대학에서 '멘토링 프로그램'으로 만들어 시행한다면, 거기서 산출될 수 있는 구체적 성과나 기대효과가 무엇인지에 대해서 주목하게 된다. 활동의 과정을 성찰 · 기록 · 보고해야 한다는 요구도 생길 것이다. 이렇게 되면 자연스러운 활동은 의도적인 일로 변했다고 말할 수 있다. 다시 말해서, 교수가 어떤 구체적 성과를 산출하려는 의도에서 학생들과 함께 시간을 보내려고 할 경우, 테니스 게임은 가르치는 일로 변하는 것이다. 여기서 테니스라는 활동은 학생들과 즐겁고 의미 있는 시간을 '보내기 위해서', 신체 동작의 세밀함에 대한 학생의 이해를 '높이기 위해서' 혹은 '인간관계를 돈독하게 하려고' 의도적으로 행하는 일로 변한다. 이처럼 자연스러운 활동에 대해 어떤 구체적 목표와 그에 따른

성과를 요구할 때, 그런 활동은 일로 변하는 것이다. 왜냐하면 일이란 그 자체가 좋아서, 재미있어서 그냥 하는 것이라기보다는 모종의 성과, 산출, 결과를 낳기 위해서 하는 것이라고 볼 수 있기 때문이다(White, 1997: 4). 여기에서 테니스 게임이 일인지, 일이 아닌 활동인지는 최종 산물(end product)의 유무에 따라 구분된다. 최종 산물은 물질적 재화, 서비스 혹은 다른 것을 가리킬 수 있다.

> 최종 산물은, 예컨대 소파나 마이크로 칩과 같이 물질적 재화일 수 있고, 머리카락을 자르는 것이나 가르치는 것 같이 서비스일 수 있고 혹은 어떤 이론적, 실천적 또는 예술적 문제를 해결하는 것일 수 있다.
>
> (Ibid.: 4)

이와 같이 화이트는 최종 산물의 유무에 따라서 일과 일이 아닌 활동으로 구분한다. 노동자가 공장에서 자동차를 조립하는 것, 농부가 곡식을 재배하는 것, 학생이 학교에서 미술 시간에 그림을 그리고 수학 문제를 풀고 독후감을 쓰는 것, 간호사가 병원에서 환자를 돌보는 것, 직원이 전화 상담실에서 전화를 받는 것, 교사가 인수분해를 가르치는 것, 멘토링 프로그램 등은 모두 일에 속한다.

이렇게 보면, 일(work)은 활동(activity)의 일종이며, 활동은 일보다 상위의 개념이다. 활동은 '일이 되는 활동'과 '일이 아닌 활동'으로 구분할 수 있다. 일은 '최종 산물을 얻기 위해 설계된 활동의 형태'[1]라고 말할 수 있다(White, 1997: 4). 일과 활동의 관계를 그림으로 나타내면 [그림 4-1]과 같다.

[그림 4-1] 일과 활동의 포함 관계

[그림 4-1]은 일과 활동의 포함 관계를 보여 준다. 일은 활동의 일부이지만, 모든 활동이 반드시 일이 되는 것은 아니다. 영화평론가의 경우를 예로 들어보자. 영화평론가의 영화감상은 일이 될 수도 있고, 그렇지 않을 수도 있다. 만약 개봉 영화에 대한 평론을 쓰기 위해 영화를 본다면 그것은 일이 된다. 여기서 그의 영화평론은 최종 산물이다. 이와 달리, 주말에 자신이 좋아하는 영화를 본다면 그것은 '일이 아닌 활동'에 속한다. 영화평론이라는 최종 산물을 위해서 하는 일이 아니다. 물론 두 가지 형태의 영화 보기가 모두 활동에 속한다고 볼 수 있다.

---

1) 윈치(Winch, 2000)는 일의 개념이 복잡하고 중복적이기 때문에 일을 단순하고 간결하게 정의하는 것 자체가 무의미하다고 보았다. 그는 일과 여가, 놀이의 개념을 구분하는 것이 모호하다고 말한다. 일의 개념을 규정할 때 일이 이루어지는 맥락과 상황을 고려하면서 개별 사례로 따지는 것이 낫다고 제안한다. 왜냐하면 일은 활동의 목적과 그것이 이루어지는 상황에 따라 각기 다르게 파악되기 때문이다. 윈치의 관점에서 보면, 일에는 놀이나 여가의 측면이 포함된다. 이 점은 화이트의 일의 의미와 차이를 보여 준다(장원섭, 2006: 510 재인용).

이와 같은 구분에 대해서는 두 가지 의문을 제기할 수 있다. 첫째, 일과 구분될 수 있는 노동이 언급되지 않는다는 것과 둘째, 활동과 일에서 모두 성과가 나타날 수 있다는 것이다. 먼저, 노동과 일은 어떻게 구분되는가? 한나 아렌트(Hannah Arendt)는 육체의 노동과 손의 작업(일, Werk)을 구분하고 있다(Arendt, 1958/이진우, 태정호 공역, 1996: 193). 그런데 육체노동이건, 정신노동이건 혹은 손의 작업(일)이건 간에 모두 모종의 최종 산물이 나타나야 한다는 점에서는 같다. 따라서 노동과 일을 구분하지 않고 서로 혼용할 수 있다. 예컨대, 관리자나 사무직도 노동한다고 표현하고, 노동자도 일을 한다고 표현한다. 그런데 일뿐만 아니라 활동에서도 모종의 최종 산물이 나타나는 것인가? 어떤 활동은 산물을 수반할 수 있다. 여기서 산물은 미리 요구되거나 강요받는 것이 아니고 자연스럽게 나타나는 것이며, 이 산물은 일에서 미리 의도·요구·강요되는 성과와 구분된다. 그렇다면 일이라고 말하는 경우에는 의도성이나 강제성이 비교적 강하게 나타나고, 이와 달리 활동이라고 말하는 경우에는 자연스러운 자발성이 더 강하게 나타난다.

화이트는 일을 모종의 최종 산물을 얻기 위한 인간의 활동으로 정의한다. 최종 산물은 모종의 결과물로 재화나 서비스를 가리킨다. 또한 일은 인간의 여러 활동 중의 하나이며, 인간의 활동은 일 이외에도 다양하며, 최종 산물이 없는 경우도 있다. 이처럼 최종 산물의 유무는 일과 활동을 구분하는 중요한 기준이 된다. 이 장에서는 강제성이 비교적 강한 일과 자발성이 비교적 강한 활동을 구분하고, 일을 활동에 포함되는 하위개념임을 강조하고 있다. 이러한 구분과 강조는 인간의 삶에서 일의 가치를 밝히는 데 도움이 된다.

2) 자율성의 기준에 따른 일의 구분

모든 사람이 스스로 원하는 일을 할 수 있다면, 이것은 이상적인 사회의 모습일 것이다. 그렇지만 대부분의 일은 강제적이고, 타율적으로 부과된 속성을 지닌다. 다렌도르프는 "일은 외부의 필요에 의해서 부과되어진 타율적인 인간의 행동이고, 그 필요는 생존이나 권력에 의한 것일 수 있다(Dahrendorf, 1982: 183)."고 말한다. 인간의 역사에서 지금까지 해 왔던 일은 거의 자율적인 것이 아니었고, 지금의 사회에서 행해지고 있는 일도 마찬가지다. 거의 모든 사람에게 일은 항상 불가피한 어떤 것이고, 외부에서 강제된 것으로 받아들여지고 있다. 그런데 일은 외부의 강제[2]에 의해 어쩔 수 없이 하는 경우도 있지만, 자기가 좋아하고 진정으로 원하는 일도 있다. 화이트는 이를 타율적인 일과 자율적인 일로 구분하고 있다(White, 1997: 5). 먼저, 타율적인 일(heteronomous work)은 일의 최종 산물이 자신의 주요 목표와 관계없이 주어진 것이다. 예를 들어, 대형할인점에서 일하는 점원의 주요 업무는 고객의 눈에 띄게 물건을 진열하거나 고객이 원하는 물건을 찾아주는 것이다. 이때 상품 진열과 친절한 서비스는 일의 목표다. 점원의 목표는 회사의 지침에 따라 부여된 것이다. 만약 점원의 삶에서 가장 성취하고 싶었던 목표가 학생을 가르치는 것이라고 가정해 본다면, 점원의 일은 단지 생계를 위해 불가피한 것일 수 있다. 이렇게 볼 때 타율

---

2) 외부에 의한 강요는 경제적인 이유뿐만 아니라, 종교적 · 도덕적 의무도 있을 수 있다. 지난 2~3세기 전에 인생계획은 신을 향한 종교적 · 도덕적 의무에 필요한 것이었다. 즉, 신에 봉사하기 위해 얼마나 유용하게 일했는가를 설명해야 했다(White, 1997: 94).

적인 일은 생계를 위해 불가피하거나 외부에 의해서 강요된 목표를 수행하기 위한 것이다.

자율적인 일(autonomous work)은 일의 최종 산물을 자신의 주요 목표로 선택한 것이다(Ibid.: 48). 자율적인 일의 목표는 외부에 의해 부과될 수 있지만, 이럴 경우에도 자신이 원하는 것과 일치한다. 어떤 교사는 경제적 이득과 사회적 지위 때문에 교직을 자발적으로 선택하는 경우도 있다. 이와 달리 교사가 학생을 가르치는 일이 단순히 자신의 책무(업무)를 수행하는 것에 그친다면 이것은 타율적인 일이다.

일의 목표와 연관된 자율성과 타율성의 성격은 성인의 삶뿐만 아니라 학생의 삶에서도 비슷하게 나타난다. 학생은 일정 기간 의무적으로 학교교육을 받아야 한다. 학교 교육과정이 제공하는 대부분의 교과 수업은 설령 학생이 원하지 않은 것일지라도 받아야 한다. 이런 의미에서 학교의 교과 수업은 '타율적인 일'이 될 수 있다. 하지만 만일 학교에서 제공하는 여러 교과 중에서 학생이 배우고 싶은 교과를 선택할 여지를 준다고 하자. 이럴 경우 그들은 자신의 목표와 연관성을 고려하면서 스스로 배우고 싶은 교과를 선택할 수 있게 된다. 이때 선택된 교과의 학습은 그들에게 '자율적인 일'이 될 것이다.

학생의 선택과 무관하게 어쩔 수 없이 배워야 하는 교과 수업에서도 어떤 이유에선가 열심히 공부하는 학생이 있다. 이때의 공부는 '과정의 측면에서 자율적'이라고 말할 수 있다. 예를 들어, 수학 문제를 해결하는 것이 자신의 주요 목표가 아닐지라도 스스로 계획을 세우고, 몰입하며, 즐겁게 문제를 풀 수 있다. 이것은 타율적인 일 속에 들어 있는 자율성이요, 일하는 과정에서의 자율성이다. 여기에서 자율적인 일과 '일하는 과정에서 자율성(autonomy in work)'을 구분할 수 있다(Ibid.:

14). 먼저, 자율적인 일은 일의 목표에 대한 자율성이다. 가르침을 자신의 주요 목표로 선택한 교사의 일은 자율적인 일이 된다. 교직에 진출하는 사람들 중에는 가르치는 일 자체가 좋아서 교직을 선택하는 이가 있다. 이때 가르침은 그들의 삶에서 주요 목표가 되고 다른 목표들보다 더 중요한 것이며, 이들에게 교직은 자율적인 일이다.

다음으로, '일하는 과정에서 자율성'은 자율적인 일뿐만 아니라 타율적인 일에서도 나타날 수 있다. 교직을 타율적인 일로 선택한 교사일지라도 정해진 수업목표를 달성하기 위해 수업과정을 자율적으로 결정할 수 있다. 물론 이 점은 자율적으로 교직에 들어온 교사에게도 해당된다. 또한 대형할인점의 점원의 경우 어느 정도의 직책이 높아지면 물건을 구매하거나 진열하는 데 자율성을 발휘할 것이다. 이처럼 어떤 일을 자신의 주요 목표로 선택하는가의 여부에 따라 자율성과 타율성을 구분할 수 있고, 또 그런 일을 수행하는 과정의 특성에 따라 자율성과 타율성을 구분할 수도 있다.

지금까지 저자는 '과정'보다는 '목표'의 차원에서 구분하는 자율성과 타율성을 더 중요하게 다루고 있다. 왜냐하면 자유민주주의 사회에서는 어떤 일을 자신이 하고 싶어서 선택하는가, 그렇지 못하는가 하는 점이 중요한 것이기 때문이다. 자신이 하고 싶어서 선택한 가치 있는 일에서 성공하게 된다면, 그만큼 '자율적' 잘삶의 가능성은 더 높아질 것이다. 따라서 잘삶을 위해서는 자율적인, 다시 말해서 주요 목표를 스스로 선택한 일에 성공적으로 종사할 수 있어야 한다.

2. 일과 잘삶의 관계

1) 자율적 잘삶

자신이 원하는 일을 자율적으로 선택할 수 있다면, 사람의 삶은 잘삶에 가까워진다. 그렇다면 일과 잘삶은 어떤 관련성을 지니고 있는가? 일이 삶의 전부가 아니라면, 사람은 무엇을 가치 있게 추구해야 하는가? 이 물음에 답하기 위해서는 우리 사회에서 잘삶의 필수요소가 무엇인지를 검토해 보아야 한다.

좋은 삶이나 잘삶은 개인이 추구하는 주요 목표를 충분히 성취할 때 가능할 것이다. 이때 삶의 중요한 목표는 사람마다 다를 수 있다. 이는 일(직업)에서 찾을 수도 있고 혹은 다양한 활동들 중에서 찾을 수도 있다. 화이트는 다양한 삶의 주요 목표를 다음과 같이 말하고 있다.

> 우리가 잘 알고 있는 것처럼 인간의 삶에서 주요한 목표가 반드시 일을 통해서만 성취되는 것은 아니다. 거기에는 다음과 같은 것들이 포함될 수 있다. 소설을 읽거나 바다에서 수영하는 것처럼 최종 성과가 없는 본질적인 기쁨들이 포함될 수 있고, 다른 사람들을 대할 때 공정하거나 신뢰를 받을 수 있는 사람됨의 특성들이 포함될 수 있으며, 명성을 잊거나 사랑에 빠지거니 혹은 두려움이나 숭배의 대상이 되기를 바라는 것들도 포함될 수 있다.
>
> (Ibid.: 1997: 46)

여기서 알 수 있듯이, 사람이 살아가면서 하고 싶은 것들은 다양하다. 이를 구체적으로 살펴보면 다음과 같다. 첫째, 사람은 '일'을 하면서 살아가고, 먹고 살기 위해서 일을 한다. 일이란 최종 산물이 있는 활동을 가리킨다. 편의점 아르바이트, 영화평론가의 원고 작성, 멘토링 프로그램 보고서 작성, 자동차 조립 작업, 숙제로 하는 책 읽기가 그런 일에 속한다.

둘째, 일에 속하지 않는 활동도 있다. 사람은 일이 아닌 다양한 활동에 종사하기도 한다. 재미있는 소설 읽기, 친구와 대화 나누기, 바닷가에서 수영하기, 테니스 경기 등을 즐기고 싶어 한다. 이런 활동은 어떤 최종 산물을 얻기 위한 것이 아니라 그냥 즐기는 것, 그저 좋아서 하는 활동이다. 집에서 숙제를 하려고 책을 읽는다면 그것은 일(homework)이 되고, 그냥 재미있어서 책을 읽는다면 그것은 '일(학업)'이 아닌 '(학습)활동'이 된다.

셋째, 우리는 어떤 사람이 되고자 하는데, 이것은 사람됨과 관련이 있다. 부모나 교사는 학생에게 훌륭한 사람이 되라고 말한다. 자신이 맡은 일에 책임지는 사람, 타인이나 자신에게 공명정대한 사람, 긍정적이며 유머가 있는 사람, 도전적이고 진취적인 태도를 보이는 사람이 되기를 바란다. 이처럼 어떤 사람이 되도록 노력하는 것도 활동에 해당한다.

넷째, 우리는 남으로부터 사랑과 인정을 받고, 관심을 끌거나 유명해지기를 원하기도 한다. 어떤 학생은 교사에게 칭찬 듣기 위해 인사를 하거나, 이성 친구에게 잘 보이기 위해 약속시간을 잘 지키기도 한다. 이런 긍정적인 관계는 삶에서 매우 중요한 가치를 가진다. 이처럼 이런 관계를 자연스럽게 맺거나 유지하는 것도 활동에 해당한다.

이렇게 볼 때 사람이 살아가면서 추구하는 것에는 일도 있겠지만, 일에 속하지 않는 활동, 사람됨의 측면, 특별한 인간관계 등도 많다는 점을 알 수 있다. 바꾸어 말하면 일에만 사로잡혀 있는 삶은 좋은 삶, 즉 잘삶은 아니다(Ibid.: 46-48). 여기서 다양한 활동이 균형 있게 이루어지는 삶이 잘삶에 속한다는 점이 드러난다. 잘삶은 자기 자신에게 중요한 여러 가지 가치 있는 목표를 스스로 선택하여 실현하는 삶이다. 이러한 삶의 모습은 현대인이 추구하는 삶의 이상이다(White, 1990/이지헌, 김희봉 공역, 2002: 171). 현대인의 잘삶에서는 자율성이 큰 비중을 차지하기 때문이다.

한편, 자율성이 모든 시대와 문화에서 요구하는 보편적 삶의 이상이라고 볼 수는 없다. 영국의 철학자인 래즈(Raz, 1986)는 자율성을 모든 인간에게 보편적으로 좋은 것이라고 말하지 않는다. 왜냐하면 자유롭게 선택하는 자율성이 반드시 잘삶을 보장해 주는 것은 아니기 때문이다. 전통지향 사회나 다른 형태의 사회에서는 타율성이 오히려 잘삶에 이바지할 수 있다. 예컨대, 노예제 사회의 노예나 가부장 사회의 여성의 잘삶은 자율성보다 타율성이나 순종에 따라야 가능한 것이었다. 래즈는 자율성이 근대의 산물이라는 점을 다음과 같이 말한다.

서구 산업사회에서 잘삶에 대한 특수한 관념이 상당한 대중성을 확보했다. 그것은 곧 자율성이라는 이상이다. 이것은 목표와 관계를 자유롭게 선택하는 것이 잘삶의 핵심 요소라는 주장이다. 자율성의 핵심 아이디어는 인간이 자기 자신의 삶을 영위해야 한다는 것이다. 자율적 인간은 자기 자신의 삶의 (일부) 주체다. 자율적 인간의 이상은 자기 자신의 운명을 어느 정도 통제하고, 자신의 삶에서 계속되는 결정을 통하여 자신의 운명을 형성해 가는 인간관이다.

(Raz, 1986: 369)

우리는 전반적으로 자율적인 삶을 영위할 것을 기대하고 기대받는 사회에서 살고 있으며, 자율성을 지지하는 환경에서 자율적 잘삶을 사회적 이상으로 삼게 된다. 따라서 자율성을 중시하는 문화에서 살아가는 사람은 자율적 인간이 됨으로써 잘 살 수 있다. 자유민주주의 사회에서 잘삶은 자신의 중요한 목표를 자율적으로 성취하는 데 있다. 주요한 목표는 사람마다 다를 수 있다. 사람은 재화나 서비스를 얻기 위한 일에서, 즐겁고 재미있는 활동에서, 사람됨과 특별한 인간관계에서 다양하게 자율성을 성취한다. 물론 자신이 원하는 것을 무조건 성취한다고 해서 잘삶이 가능해지는 것은 아니다. 자유민주주의 사회에서 자신이 추구하는 목표에 대한 욕구가 있을지라도 이를 무한히 충족시킬 수는 없다. 또한 비인간성, 이기주의, 남의 불행을 기뻐하는 것이 될 경우에는 윤리적 제한이 따른다. 이때 잘삶은 다른 사람의 잘삶에 대한 존중을 포함하며, 자신의 잘삶에 대한 지나친 독선을 배제한다.

우리는 전통지향적인 사회에서 사는 것이 아니라 자율성을 지지하는 자유민주주의 사회에서 살고 있다. 이 안에서 잘삶은 곧 자율적 잘삶을 의미한다. 자율적 잘삶은 삶에서 자신의 주요 목표를 스스로 선택할 때 가능하다. 주요 목표는 개인이 여러 선택지 중에서 결정하는 것으로 거기에는 일뿐만 아니라 다양한 활동에 속한 것들도 많다. 결국 개인의 잘삶은 우리 사회에서 다양한 활동이 균형 있게 성취될 때 가능해진다.

2) 자아실현과 일

부모나 교사는 학생이 타율적인 일보다 자율적인 일에 종사하기를 바란다. 왜냐하면 일이 없는 삶이나 타율적인 일보다는 자율적인 일을 하는 것이 의미 있는 삶 혹은 자아실현을 이루는 데 더 기여하기 때문이다. 이러한 부모와 교사의 기대는 학생의 일을 통한 자아실현을 소망하는 것에서 나온 것이다. 따라서 부모나 교사는 학생이 일(직업)과 자아를 최대한 일치시켜서 일할 방향을 찾기 원한다(Krznaric, 2013/정지현 역, 2013: 35). 그런데 자아실현은 일을 통해서만 가능한가? 이에 대한 노먼(Norman, 1983)의 주장을 비판적으로 검토해 보자.

일과 자아 실현을 일치시키는 것은 '의미 있는 일'을 하는 것과 깊은 관계가 있다. 노먼은 인간의 기본적 필요로서 '의미 있는 일'을 옹호한다(White, 1997: 26-28). 인간이 창의적으로 종사하는 '의미 있는 일'을 한다면, 기쁨과 만족감을 얻을 수 있다는 것이다. 예를 들어, 비행기를 만들거나 장편소설을 쓰는 것은 창조적 일에 속하며, 높은 수준의 판단과 기술을 요구한다. 그리고 이것이 완성되었을 때 기쁨과 만족감을 얻는다. 따라서 그는 일이 인간의 자아실현에서 중요한 위치를 차지한다고 다음과 같이 논증하고 있다.

> 다른 활동에 비해 노동이 단순히 양적으로만 따진다면 압도적으로 지배적인 위치를 차지한다. … 그들의 삶의 전반적 성격을 규정하는 데 다른 무엇보다도 큰 역할을 하고 있다. 그러므로 노동의 불가피성이 존재한다. 인간이 수행하는 여타의 활동들은 대개 개인적인 선택의 문제다. … 노동은 인간의 삶에서 핵심을 이루며 그들의

삶의 전반적인 성격의 형태를 결정짓는다. 마지막으로 인간의 노동은 그들의 삶에서 가장 명백하게 공적인 측면이라는 사실이다. 객관적인 눈으로 보면, 그들을 규정하는 것은 무엇보다도 바로 그들의 노동이다. 나는 앞에서 자기실현의 한 측면으로서 다른 사람에 의해 인정받는 것이 중요하다는 것을 강조했다. 이것들을 뭉뚱그려서 말한다면, 당신이 무엇인가 하는 것은 곧 당신이 무엇을 하는가의 문제이고, 당신이 무엇을 하는가 하는 것은 곧 당신이 무슨 일을 하는가의 문제라 할 수 있다.

(Norman, 1983: 177-178/안상헌 역, 1994: 231)

일을 자아실현으로 보고 있는 노먼의 입장은 우리 삶에서 일이 갖는 중심적 위치를 명확히 보여 주고 있다. 하지만 그의 주장처럼 자신이 누구인지를 자신이 하는 일로 인정받을지라도, '의미 있는 일'이 우리 삶에 반드시 필요하다는 근거가 적절하게 제시되고 있는 것은 아니다. 그는 마르크스의 노동관을 옹호하면서 '일이 우리 삶의 중심이다.'는 몇몇 경험적인 사실만으로 일에 대한 가치판단을 긍정적으로 내리고 있다. 하지만 삶에서 일이 실제로 다른 활동보다 양적으로 지배적이라는 사실을 있는 그대로 받아들여야 하는지는 의문스럽다. 다시 말해서, 양적으로 많은 일을 하는 것 자체를 좋은 점이라고 판단하기는 어렵다는 것이다. 또한 사고하지 않는 일이나 창의적이지 않은 일이 삶의 중심을 차지하는 사회에서 인간의 기쁨과 만족은 감소할 것이다(White, 1997: 27).

그럼에도 노먼은 바람직한 삶의 중심으로서 일을 강조한다. 이러한 생각은 우리 사회에 널리 퍼져 있다. 대부분의 사람들은 일하는 삶을 바람직하게 생각하고, 일 없는 삶을 꺼려 한다. 심지어 일이 없거나 일하지 않으려는 사람은 따가운 시선을 받게 된다. 그런데 일이 없다면 의미 있는 삶은 성취될 수 없는 것인가? 자아실현은 일을 통해서만 가능한가? 의미 있는 일이 자아실현뿐만 아니라 삶의 만족을 준다는 노먼의 주장을 조금 더 살펴보자.

> 노동을 통한 자기실현의 욕구는 사실 역사적으로나 문화적으로 특수한 것일 수 있다. 그렇다 하더라도 적어도 우리 사회 안에서는 아직도 이러한 욕구가 현실적이고 객관적인 욕구라고 주장할 수 있다. 우리의 노동이 우리의 정체성을 결정한다는 이념과 우리의 정력을 노동에 쏟도록 하는 자극은 우리 문화에 매우 깊숙이 깔려 있으며, 현재는 의미 있는 노동의 계기를 포함하지 않은 삶에서는 누구도 완전한 만족을 찾을 수 없을 것이다.
>
> (Norman, 1983: 179/안상헌 역, 1994: 232)

노먼의 주장에 따르면 일을 통한 자아실현은 만족스러운 삶을 가능하게 한다. 베일리(Bailey, 2010)도 일이 인간의 정체성을 결정한다는 노먼의 생각에 처음에는 동의했다. 그러나 그는 일과 연관된 교육의 역할을 논의하는 화이트의 주장에 공감한 후에 일이, 심지어 자율적인 일조차도 만족스러운 삶의 필수요소인지에 대해 의문을 갖게 되었다고 밝히고 있다(Bailey & Contributors, 2010/이지헌 역, 2011: 81). 자율적인 일[3]은 잘삶의 한 가지 가능한 구성요소가 될 수는 있다(White,

---

3) 노먼의 의미 있는 일과 화이트의 자율적인 일은 서로 다른 강조점을 갖고 있다. 노먼의 의미 있는 일은 인간이 사회 속에서 효과적인 기능을 수행하는 데 필요하고, 이에 따라 기쁨과 만족을 준다. 그런데 노먼은 일 자체에 대한 자기선택(자율성)을 고려하지 않고 있다. 하지만 화이트의 자율적인 일에서는 최종 산물을 자신의 주요

1997: 52). 그런데 노먼의 주장처럼 의미 있는 일이 자아실현과 밀접한 관계가 있다는 점을 수용할지라도 일이 잘삶의 중심이 되어야 하는지는 아직 분명하지 않다. 왜냐하면 삶의 만족이나 성취는 일이 아닌 스포츠, 음악 감상, 친밀한 사람들과의 대화, 자원봉사, 여행 등에서도 얻을 수 있기 때문이다. 이것들은 개인의 삶에서 주요한 목표가 될 수 있다. 만일 자아실현이 자신의 주요 목표를 성취하는 것과 관련이 있다면, 앞에서 열거한 것들은 만족스러운 삶을 위한 활동에 속하게 된다.

　노먼은 자아실현을 일과 연결시키고 있다. 그에 따르면, 일은 인간의 기본적 필요에 해당하며, 누구나 의미 있는 일을 해야 한다. 그의 논증에는 일을 통해서만 자아실현이 가능하다는 일 중심성이 반영되어 있다. 이처럼 일이 성인의 삶에서 핵심적인 위치를 차지한다면, 학생의 삶에는 어떤 영향을 주고 있는가? 학생의 삶이나 학습에서도 일은 중심적인 위치를 차지하게 될 것이다.

3. 일과 학습의 관계

1) 학습과 학업의 논리적 구분

학생에게 학교는 일하는 곳인가? 아니면 무언가를 배우는 곳인가?

목표로서 선택하는 자율성이 더욱 강조된다(White, 1997: 48-53). 따라서 노먼의 주장처럼 의미 있는 일이나 일에 의한 자아실현관은 자율적 잘삶을 충족시키기에는 부족할 수 있다.

일의 의미를 최종 산물의 산출로 정의한다면, 학생은 일하기도 하며 무언가를 배우기도 한다고 말할 수 있다. 이러한 일의 의미를 준거로 삼아 학생들의 학교생활을 살펴보면 학업과 학습이 구분될 수 있다. 먼저, 학업은 일에 해당한다. 학생들은 학교에 들어가자마자 타율적인 일(학업)에 사로잡힌다는 점을 알게 된다(Ibid.: 107). 학업은 학교나 가정에서 학생이 최종 산물을 얻기 위해 종사하는 일련의 활동이다. 학업(schoolwork)은 학생이 학교생활에서 모종의 결과물(최종 산물)을 낳기 위해 하는 활동이다. 물론 그들은 재화(임금)나 서비스를 산출하지 않는다. 그러나 교사에 의해 주어지거나 스스로 정한 (수업)목표를 추구한다는 점에서 그들의 학업은 일에 해당한다. 화이트는 학생의 학업을 성인 세계의 일과 같은 것으로 보고 있다(Ibid.: 8). 학업은 늘 의도된 결과물을 전제하기 때문이다. 풍경화 그리기, 독서 감상문 쓰기, 축구 경기, 수학 문제 풀이는 학생이 미리 정해진 수업목표를 산출하는 활동이다. 교사의 가르침은 학생이 무엇인가를 배우도록 의도적으로 행하는 일, 즉 수업이다. 수업이란 학생의 배움을 돕는 일이다. 학생은 배우는 일, 즉 학업에 종사하게 된다.

학습은 이전에는 없었던 어떤 새로운 것, 예컨대 지식, 이해, 기능, 태도, 인성 등에서 새로운 지점에 도달함을 의미한다(Ibid.: 98). 그렇다면 학업이 반드시 학습으로 이어진다고 말할 수 있는가? 학업에 몰두할지라도 학습이 이루어지지 않을 수 있다. 다시 말해서, 배우기 위한 일(학업)에 몰두할 때 배움의 산물은 나타날 수도 있고, 그렇지 않을 수도 있다. 따라서 학업과 학습은 반드시 일치하는 것이 아니다. 이런 점에서 이 둘의 관련성을 다음의 세 가지로 구분해 볼 수 있다.

첫째, 학업에 몰두함으로써 학습이 나타날 수 있는 경우다. 복잡한 수학 계산이나, 역사적 사실에 관한 인과성, 자연현상에 대한 과학적 원리는 누군가의 도움을 받아야 배우기 쉽다. 이때 학습은 누군가(교사)의 의도된 수업계획에 의해 일정한 목표를 달성하는 일이다.

둘째, 학업에 몰두해도 학습이 이루어지지 않는 사례도 있다. 만약 학생이 이미 할 줄 아는 것 혹은 이미 알고 있는 것을 또다시 반복하도록 요구받는다면, 그런 활동에서 그들이 새롭게 배우는 것은 거의 없을 것이다. 서투른 교사가 학생에게 힘든 일(학업)만을 시킬 때, 학생은 고생만 할 뿐 배우는 것이 별로 없을 수 있다. 학업에 골몰하도록 만든다고 해서 그것이 자동으로 학습으로 이어지는 것은 아니다.

셋째, 학업에 몰두하지 않아도 학습이 이루어지는 경우도 있다. 이런 예로 화이트는 '비의도적인 상황, 일상적인 경험, 부모와의 대화, 관찰, 관계나 유대감'이라는 다섯 가지를 제시하고 있다(Ibid.: 98-99). 이것들은 일과 같이 최종 산물을 계획하지 않더라도 무언가를 배울 수 있는 경우다. 이것은 비형식적으로 일어나는 학습이다. 대체로 학습은 '일상적인 경험이나 대화'를 통해 거의 자연스럽게 이루어진다(Ibid.: 99). 예컨대, 우리는 친구나 부모와 대화하면서 몰랐던 것을 새로 알게 된다. 대화 과정에서 우리는 거의 자연스럽게 여러 가지 기술 · 지식 · 판단 등을 얻을 수 있다. 특히 부모에게서 모국어를 배우는 것이 그러하다. 별다른 노력을 기울이지 않는 것처럼 보이는 과정을 통해 아이는 자연스럽게 말을 배운다. 어머니와의 즐거운 상호작용 속에서 언어만이 아니라 바람직한 태도도 자발적으로 나타나게 될 것이다. 학생은 훌륭한 부모 곁에서 세상사의 복잡한 이치를 알게 될 뿐만 아니라 사람됨의 중요한 덕목을 자연스럽게 배운다.

이렇게 보면 학생은 학교에서 많은 것을 학업으로 배우지만, 모든 학업이 학습으로 연결되는 것은 아니다. 그들은 교사의 계획된 수업에서 배우지 못할 수도 있고, 학교나 가정에서 의도하지 않아도 무언가를 배울 수 있다.

2) 학습과 학업의 개념적 관계

학업과 학습의 개념적 관계를 논하기 전에 일과 교육 사이의 관계를 세 가지로 구분해 보겠다. 장원섭(2006)은 일의 교육을 '일을 위한 교육, 일을 통한 교육, 일에 관한 교육'으로 구분하고 있다.[4] '일을 위한 교육'은 일을 준비시키는 교육이다. 이는 전통적인 직업교육을 가리킨다. '일을 통한 교육'은 일에서 교육이 나타난 것이다. 이는 일이 지니고 있는 교육적 성격을 강조하는 것으로 직업 경험이나 일을 통해 무언가를 배우는 것이다. '일에 관한 교육'은 일 그 자체가 교육의 대상이 되는 것으로, 직업윤리 · 경제교육 · 직업관 등과 같이 일이 이루어지는 세계에 대한 교육이다. 이 절에서 밝히고자 하는 학습과 학업의 개념적 관계는 일과 교육의 세 가지 관계 중에서 '일을 통한 교육'과 깊은 관련이 있다. 학생들은 학교의 학업(일)에서 무언가를 배울 수도 있고, 학업(일)이 아니더라도 무언가를 배울 수도 있다. 또한 학생들은 학업을 통해 아무것도 배우지 못할 수도 있다. 이에 따라 학습과 학업

---

4) 세 가지 영역의 구분은 서로 배타적으로 분리된 것은 아니다. 일을 통한 교육은 일을 위한 교육과 중첩되기도 한다. 요리사가 되기를 원하는 아이가 학교에서 배우는 조리실습은 일을 통해 배우는 것이며 또한 미래의 직업을 얻는 데 도움이 된다. 따라서 세 영역은 서로 중첩된다. 장원섭(2006: 19-21)은 세 영역의 공통 부분, 즉 세 가지 방식의 교육이 함께 이루어지는 교육을 가장 바람직한 일의 교육이라고 말하고 있다.

의 개념적 관계를 좀 더 구체적으로 세분화할 수 있는데, 그것은 '일을 통한 학습, 일과 같은 학습, 일이 아닌 학습'으로 나눌 수 있다.

첫째, '일을 통한 학습'은 학업을 통해서 무언가를 배우는 것이다. 화이트는 듀이(Dewey)의 '작업(occupation)을 매개로 하는 활동'을 '일을 통한 학습'으로 보고 있다(White, 1997: 97). 일을 통한 학습은 대표적으로 일이나 작업을 통한 학습을 중시하는 경험 중심 교육관에 해당된다. 듀이는 학습을 일 중심의 사회활동으로 여기고 있다(Dewey, 1916/이홍우 역, 1994: 315-317). 이러한 학습의 형태로 듀이의 실험학교를 예로 들 수 있다. 그의 실험학교는 요리, 목공, 소규모 경작 등 작업(occupation) 기초로 운영되었다. 실험학교의 수업 과정을 보면, 아이들은 요리나 목공과 관련된 기능을 익히면서 읽기와 숫자의 기초뿐만 아니라 자신감과 협동심을 배우게 된다. 이것은 일에 학습이 포함된 것으로 삶에서 필요한 지식, 기능, 태도 등을 일을 통해 배우는 것이다.

둘째, '일과 같은 학습'은 학업을 통해서 별로 배운 것이 없는 학습이다. 학업은 일의 생산적 속성이 강조된 개념으로 인습적인 수업 과정에 초점을 둔 것이다. 학생은 학교에서 방정식을 일하는 것처럼 배운다. 즉, 교사에 의해 설계된 수업목표를 달성하기 위해 예제와 연습문제를 반복해서 푼다. 이때 그들이 푼 연습문제의 결과는 정답이다. 이것은 정해진 목표를 달성하고 결과를 얻는 일의 생산적 속성과 유사하다. 학생은 학교에서 일하는 것처럼 학습하고 있다. 학생에게 수학문제의 정답을 요구하는 것은 일과 같이 모종의 최종 산물을 얻는 것이다. 따라서 '일과 같은 학습'은 미래의 삶을 준비하거나 무언가를 배우는 데 필요할 수 있지만, 일처럼 생산적 속성이나 성과만을 강조할 경우에는 힘들게 일만할 뿐(수학 문제 정답만 구할뿐) 결과적으로는 배운 것이 없을 수 있다.

학습과 학업은 둘 다 무언가를 성취하는 것이다. 그런데 학업, 즉 일과 같은 학습은 타율적인 것이 되기 쉽다(White, 2011/이지헌, 김희봉 공역, 2014: 147). 이러한 특성은 학업과 학습의 관계를 이해하는 데 중요한 점이 된다. 왜냐하면 일의 생산적 속성[5]에 지나치게 매달리게 만드는 학업은 하기 싫지만 억지로 하는 것으로 모종의 성과(성적)만을 추구하는 타율적인 일이 되기 때문이다.

셋째, '일이 아닌 학습'은 학업이 아니더라도 무언가를 배우는 것이다. 앞에서 학생의 학업은 일이며, 이와 달리 학습은 의도된 목표의 달성과 관계없이 나타날 수 있다는 점을 지적하였다. 만약 교육의 핵심이 학습이고 학습은 학업과 무관하게 나타날 수 있다고 한다면, 모든 학습이 학업으로 바뀔 필요는 없을 것이다. 학생은 학업이 아니더라도 학교나 가정에서의 다양한 활동을 통해서 무언가를 배울 수 있다. 중·고등학생은 동아리나 봉사 활동, 부모와의 대화, 친구와의 게임 등에서 여러 가지 지식, 기능, 태도를 배운다. 대학생도 선배와의 대화 속에서 대학이나 취업 세계의 이모저모를 알 수 있고, 교수와의 대화를 통해 학문 세계의 심오한 측면을 배울 수 있다. 이때 학생은 학교 수업이나 대학 강의보다는 다양한 활동이나 대화를 통해 삶과 학문의 세

---

5) 김덕영은 우리 교육이 학생을 어릴 때부터 일의 생산성에 얽매이도록 만든다고 보고 있다. 학생의 삶과 행위 및 동작은 모두 가능한 한 높은 점수를 낼 수 있도록 조직되고 통제된다. 그리고 감시와 처벌을 받는다. 학교, 학원 그리고 가정에서 학생은 최대한의 생산성을 달성하기 위해 가장 효율적으로 살게 된다. 이것은 인간의 자세나 동작을 과학적으로 분석하여 최대의 생산성을 추구하는 산업 세계의 테일러 시스템(Taylor system)보다도 더욱 가혹하다. 부모와 교사는 비인간적인 테일러 시스템을 초·중·고등학생에게 강요하고 있다(김덕영, 2007: 137).

계에 관해 더 깊이 있게 알 수도 있다. 이처럼 반드시 무엇을 배우도록 가르치려는 의도가 없을지라도 학생은 그저 어떤 과정을 거치거나 어떤 활동 자체에 몰두함으로써 많은 것을 배운다. 학업이 아니더라도 진정한 학습은 가능하다.

대부분의 교과수업은 미리 계획되고 의도된 목표[6]를 가진다. 학생은 수학 수업시간에 방정식의 의미를 이해하거나 문제를 풀기 위해 의도된 내용을 배우고, 교사가 미리 설정한 수업목표를 달성하기 위해 문제풀이를 반복 연습한다. 또한 문명 발상지의 지리적 위치를 확인하고, 여러 역사적 사실들을 배우며, 알코올램프의 사용법도 익힌다. 이처럼 학생은 미리 계획되고 의도된 목표를 통해 방정식 원리나 문제풀이뿐만 아니라 역사적 사실, 지리적 위치, 실험기구 다루는 '기능', 어려운 문제에 도전하는 '태도' 등을 얻는다. 이처럼 학습은 의도된 목표에 따라서 성취될 수도 있지만, 앞서 말한 것처럼 의도된 목표가 없이도 성취될 수 있다.

학습과 학업의 관계는 [그림 4-2]와 같이 표현할 수 있다. [그림 4-2]에서 ⓐ는 '일이 아닌 학습'의 영역이다. 이 영역의 경우 의도된 목표가 없더라도 무언가를 배울 수 있다. ⓑ는 '일을 통한 학습'의 영역이다. 이 영역은 교사가 의도한 대로 학생이 무언가를 성취하는 영역이다. 여기서는 학업을 통해 학습이 이루어진다. ⓒ는 '일과 같은 학습'

---

6) 대부분의 학교 수업은 수업목표를 달성하기 위해 계획되고 의도된다. 중학교 1학년 도덕의 소단원인 '도덕과 예절'을 예로 들면, 수업목표가 "도덕과 예절의 의미와 필요성을 알 수 있다.", "도덕과 예절의 관계를 설명할 수 있다."(정창우 외, 2014: 21)로 설정되어 있다. 교사는 이런 수업목표를 달성하기 위해 수업내용과 수업방법을 설계한다. 이런 도덕 수업을 받은 학생들이 예절을 제대로 갖춘다고 볼 수 있을까?

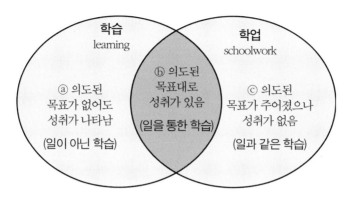

[그림 4-2] 학습과 학업의 개념적 관계

(학업)으로 일만 할 뿐이고 배운 것이 거의 없는 영역이다. 그런데 학교교육이 시작되면 어떤 현상이 발생하는가? 전반적으로 보면 교사의 주도적인 수업이나 의무적인 교육과정으로 일관된 학교교육에서는 자연스럽고 자발적인 학습(ⓐ)이 서서히 없어지는 현상이 나타난다고 말할 수 있다. '일과 같은 형태의 학습'인 ⓑ와 ⓒ가 주어지고 강조되면서 학교의 교과 수업은 재미가 없는 것으로 변하고, 게임이나 놀이에서 멀어지며, 신나는 이야기도 줄어들고, 만화나 영화는 부정적인 것으로 간주되기 쉽다. 이런 현상이 발생하는 이유는 학교에서 하는 거의 모든 활동이 성과(성적)를 추구하는 경쟁적인 일로 변해 버리기 때문일 것이다. 그 결과 학교생활은 일이 지배하는 곳으로 바뀌게 된다. 더 나아가, 학교는 타율적이고 재미없이 일만 하는 곳이라는 점을 학생도 알아차리게 되고, 중요한 것은 일이나 성과라는 생각을 암암리에 받아들이면서 점차 일 중심의 학교문화에 익숙해지게 된다. 이처럼 부모나 교사, 학생들이 일 중심의 학교문화에 익숙해지면서 오늘날 학교교육

은 심각한 사태에 봉착하고 있다. 학생은 오로지 공부만 하는 학습기계로 전락하고, 끝없이 경쟁을 강조하는 '교육지옥'으로 인하여 십 대에게 행복했던 기억이 거의 없어지는 현상이 나타난 것이다(김누리, 2014).

일과 같은 학습만 강조되는 학교교육은 학생을 배움으로부터 도주하게 만든다. 그렇다면 이러한 교육현실을 극복하기 위한 대안은 없는 것인가? 일 중심의 사회현실과 교육현실에 대한 대안의 탐색을 요청할 때다.

05
활동사회의 교육과 학습

『해리포터』 시리즈가 출판된 날에는 영국 병원의 응급실 환자가 크게 감소했다고 한다(이정모, 2010. 8. 6.). 이 날 아이들은 누군가의 강요 없이 자신이 좋아하는 책읽기를 자발적으로 선택했다. 만약 아이들의 삶에서 『해리포터』 읽기처럼 스스로 선택한 활동이 풍부해질 수 있다면, 그들은 행복할 것이다. 그러나 과로사회의 교육현실에서 아이들은 스스로 자신의 주요한 목표를 선택하기 어렵다. 부모나 교사, 학교는 일을 삶의 중심으로 삼고 아이들에게 힘든 학습을 강요하고 있다. 이때 아이들은 현재의 행복보다는 불확실한 미래의 행복을 고민하도록 내몰린다. 그러나 현재의 삶이 불행한데 미래의 삶은 행복할 수 있는지 의문스럽다. 그렇다면 아이들의 행복한 삶은 어떻게 가능할까? 행복을 위해서는 무엇을 삶의 중심에 두어야 하는가?

이 장에서는 과로사회의 대안적인 사회로 '활동사회'를 제안하고, 활동사회의 교육에서 일의 가치를 알아본다. 또한 활동사회를 실현할 수 있는 구체적인 아이디어로 자발적 학습을 제시하고, 그 의미와 시사점을 소개한다.

1. 활동사회와 자율적 잘삶

1) 활동사회의 의미

활동은 일(노동)보다 상위에 속하는 개념이다. 활동에는 친구와의 대화, 자원봉사, 영화감상, 스포츠 게임 등 일이 아닌 것도 있으며, 재화나 서비스를 산출하는 일도 포함된다(White, 1997). 이런 활동의 의미를 사회경제적 관점과 교육 안에서 더 구체적으로 살펴볼 필요가 있다.

첫째, 사회경제적 관점에서 활동과 일(노동)은 더 명확하게 구분된다. 비판적 사회학자인 슈나퍼(Schnapper)는 활동을 '무상의 노동'이라고 본다. 활동은 우리 사회에서 자기 자신의 기쁨을 위해 선택한 무상의 노동이다. 만약에 돈을 받지 않고 자선단체에서 봉투 붙이는 일을 한다면 그것은 활동이 되지만, 보수를 받을 경우 그것은 일이 된다. 그는 생산주의 사회에서 같은 행동이라도 임금에 의해 다른 의미를 지니게 되며, 그것이 임금 제도와 관련된 온갖 권리를 낳는다고 보았다(Schnapper, 1997/김교신 역, 2001: 97). 또한 그는 인간의 삶에서 노동이 사라질 수밖에 없다는 제레미 리프킨(J. Rifkin, 1995/이명호 역, 2005)의 『노동의 종말(The End of Work)』이라는 생각이 틀린 것이라 말하고, 노동과 시민권, 일자리와 인간의 존엄성 간의 밀접한 관계를 강조한다. 그렇지만 그는 인간의 삶 안에서 가치 있는 활동이 갖는 의미를 충분히 밝히지 못하고 있다.

둘째, 교육 안에서 '가치 있는 활동'에 대한 논의가 있다. 피터스 (Peters, 1966/이홍우 역, 1980: 137)는 『윤리학과 교육(Ethics and Education)』에서 '가치 있는 활동(worthwhile activities)'을 논의한 바 있다. 그가 주장하는 가치 있는 활동이란 주로 진리 탐구 그 자체를 추구하는 활동을 가리킨다. 그의 견해는 진리 자체의 가치만을 강조한 것으로, 인간의 잘삶을 구성하는 다양한 가치 있는 활동을 모두 포괄하지 못하고 있다는 점에서 한계를 안고 있다.

그렇다면 인간의 삶 안에서 활동을 '무상의 노동'이나 '가치 있는 지적 탐구활동'으로 제한하지 않고 삶의 중심에 놓을 수는 없는가? 만일 활동의 개념을 폭넓게 이해한다면, 활동을 중심으로 잘삶을 구성하거나 일과의 적절한 균형을 찾을 수 없겠는가? 더 나아가, 활동 중심의 삶이 과도한 성과를 지향하는 과로사회의 대안이 될 수 있지 않을까?

과로사회의 실상을 연구한 김영선(2013: 187)은 과로사회에 사는 우리가 잊고 있는 것을 지적함으로써 대안적 사회의 방향을 찾을 수 있는 실마리를 제공해 준다. 만일 우리가 장시간 노동에서 벗어날 수 있다면, 질 좋은 일자리도 생겨나고, 자유시간도 확대될 것이다. 이 자유시간은 창조적인 '활동'을 위한 시간이 될 수 있다. 이런 활동은 사회관계나 문화를 지키는 활동 혹은 상상력, 아이디어, 환상, 그림, 사랑 등이 있는 놀이일 것이다. 그는 일터 밖에서 그런 자유로운 활동과 교제를 누리는 삶의 모습을 제시한다.

산책하고 책을 읽고 텃밭을 가꾸고 무언가를 배우고 아이들을 돌보고 가르치고 글을 쓰고 감상하고 사랑하고 생각하고 즐기고 좋은 이웃이 되고 이야기하고 새를 관찰하는 일들을 그 **활동** 자체를 위해 할 수 있다.

(김영선, 2013: 178; 저자 강조)

이렇게 일을 대체할 수 있는 다양하고 가치 있는 활동이 두드러진 다면, "다른 모든 것에 면죄부를 주는 도덕적 만능언어(Ibid.: 175)"가 되어 버린 직업(일)에서 벗어날 길이 있을 것이다. 이런 사회를 가리 켜 '활동사회'라고 이름을 붙일 수 있다(White, 1997: 63). 그리고 이 런 활동사회는 일 중심성의 정도 차원에서 과로사회와 대비될 수 있 을 것이다.

과로사회를 대체할 수 있는 대안적 사회의 모습은 한병철의 『피로사 회』(2012)에서도 탐색된다. 그는 과로사회라는 용어를 쓰지 않고 성과 사회, 노동사회, 과잉사회라는 용어를 사용한다. 그가 비판하고 있는 사회는 더 많이 생산하고 더 많이 소비할수록, 즉 과잉일수록 공허해 지는 사회다. 그것은 "모든 관조적 요소가 제거(되고)… 치명적인 과잉 활동으로 끝나고(한병철, 2012: 35)" 마는 사회다. 또한 그는 "과잉생산, 과잉가동, 과잉 커뮤니케이션(Ibid.: 18)", 즉 과잉활동(성) 혹은 "노동 과 생산의 히스테리(Ibid.: 43)"를 우려하면서 생존 자체를 위해 허덕거 리며 바쁘게 살 것이 아니라 일종의 사색 공동체를 이루고, 깊은 심심 함을 즐기며, 삶의 경이감이나 마음의 평정을 찾으면서 살아갈 것을 대안으로 제시한다.

이런 대안에서 가능해지는 것은 놀이의 시간, 평화의 시간, 막간의 시간, 무차별과 우애의 시간, 어울림의 시간이다(강수돌, 2012: 278). 그 런데 한병철이 옹호하고 있는 것은 '활동적 삶'이 아니라 '사색적 삶'이다. 그는 사색적 삶이 부활해야 한다는 관점에서 과잉활동을 부정한다. 그런데 이는 활동성까지도 부정하는 것처럼 오해를 불러일으킬 수 있다. 왜냐하면 그는 '활동사회'라는 개념을 부정적인 의미로 사용하고 있기 때문이다(한병철, 2012: 66). 그러나 만일 활동이나 활동성까지를 부정해 버린다면 과연 좋은 삶의 온전한 형태가 가능할 것인지는 의문스럽다. 이런 점에서 김현경(2012: 300)도 "만일 아무런 활동도 하지 않는다면 서사가 있는 삶이 어떻게 가능하겠는가?" 그리고 "서사가 있는 삶을 활동적인 삶으로부터 분리하여 무위 … 와 연결시키려는 시도는 무리한 게 아닐까?(Ibid.: 301)"라고 의문을 제기한다. 그러나 한병철이 문제로 삼는 것은 과잉활동(성)일 뿐이지 활동 그 자체는 아닐 것이다.

다렌도르프(Dahrendorf)는 활동사회(activity society)를 새로운 사회의 대안으로 제시한다. 이 대안을 밝히는 과정에서 그는 일과 활동을 다음과 같이 구분한다.

> 일이라는 인간 행위는 타율적이고, 생존이나 권력과 같은 외적 필요로 부과된다. 이와 달리 활동이라는 인간 행위는 자유롭게 선택되는 것으로 자아표현의 기회를 제공하고, 그 자체로서 만족을 주며, 자율적이다.
>
> (Dahrendorf, 1982: 183)

그가 말하는 활동사회에서 인간은 일에 의해 지배받지 않는다. 활동사회란 삶을 위해 일하는 사회이지 일을 위해 사는 사회가 아니다. 또한 활동사회는 사람들이 자유롭게 선택하는 자율적 삶, 다시 말해서 자아표현이 가능하고 만족스러운 삶을 위해 일을 선택할 수 있는 사회다. 여기서 일은 삶의 중심적 위치를 차지하지 못한다. 활동사회는 '일의 지배를 받는 삶이 좋은 삶'이라는 좁은 관점에서 벗어난다. '일과 더불어 가치 있는 활동들이 적절한 자리를 잡아 가는 삶이 곧 좋은 삶'이라고 본다.

화이트는 일 중심의 사회가 활동사회로 전환되어야 한다는 다렌도르프의 주장에 동의한다. 화이트(White, 1997: 74)에 따르면, 활동사회라는 대안적 사회로 전환할 수 있으려면 무엇보다도 일 중심의 인생관에서 벗어나는 길을 찾아야 한다.

활동사회는 일과 다양한 활동이 균형 잡힌 인간의 삶을 강조한다. 인간의 삶에서 일보다 활동이 중심을 차지해야 한다. 왜냐하면 삶의 주요한 목표는 일을 통해 성취될 수도 있지만, 일이 아닌 다양한 활동에서도 성취할 수 있기 때문이다. 그렇다면 활동사회에서 일은 어떤 가치를 지닐 수 있을까? 이를 밝히기 위해 타율적인 일과 자율적인 일의 의미를 다시 살펴보자.

2) 활동사회에서의 일과 잘삶

활동사회에서도 일은 없어지지 않을 것이다. 대신 타율적인 일은 줄어들고, 자신이 원하는 자율적인 일은 많아질 것이다. 그렇다면 활동사회에서 사람들의 일과 잘삶은 어떤 관계가 있을까? 이를 세 가지 측면에서 살펴볼 수 있다.

(1) 잘삶과 타율적인 일

이상적인 사회란 모든 사람이 즐겁게 원하는 일을 하는 것이다. 토마

스 모어(Tomas More)는 사람들이 하루 6시간만 일하고, 나머지 시간에 여가나 놀이 또는 추가적인 일을 선택할 수 있는 '유토피아'를 상상했다. '유토피아'에서 사람은 일 자체를 즐기는 한편, 일 이외의 시간에는 자유롭게 자신의 교양을 높이거나 취미 활동을 한다. 이 사회는 시민에게 불필요한 일을 강요하지 않는다. 왜냐하면 사람의 행복한 삶의 조건은 힘든 육체적 일에서 벗어나 많은 자유 시간을 영위하는 데 있기 때문이다. 또한 사람은 모두 생산적인 일에 종사해야 한다. 중요하지 않은 일에 종사하거나 일하지 않고 게으름 피우는 사람은 가려내져 쓸모 있는 일을 하도록 조정된다. 이러한 생활방식은 너무 획일적이고 사람의 다양한 삶의 방식을 무시하는 측면이 있다. 그렇다 하더라도 모어의 '유토피아'에서 주목할 점은 사람이 '인간다운 삶'을 누리지 못하고 타율적인 일에 종사하는 이유를 고민했다는 것이다. 그는 인간의 일이 즐거운 활동이 아니라 고통을 주는 활동이 되었으며, 그 이면에 다른 사람의 생산물을 착취하는 지배계급과 피지배계급으로 양분되는 모순된 사회구조의 문제점을 제시하였다(More, 2003/정순미 역, 2009).

현실세계의 많은 일은 타율적인 일에 가깝다(White, 1997/이지헌, 김희봉 공역, 2011: 70). 타율적인 일의 최종 산물은 '자신의 선택이나 선호와 무관한' 목표를 추구하는 활동이다. 누군가는 음식물 쓰레기 수거나 고층빌딩을 청소하며, 컨베이어벨트 위에서 반복적인 부품조립이나 위험한 용광로에서 제선 작업 등을 해야 한다. 이러한 일은 풍족한 사람이라면 대부분 선호하지 않을 것이다. 따라서 타율적인 일의 최종 산물은 자신이 선택한 목표이기보다 외부에서 강요된(주어진) 것이다. 인간의 잘삶과 타율적인 일의 관계를 밝히기 위해서는 '타율적인 일'을 개인적으로 무의미한 영역으로 제한할 필요가 있다. 노예의 일은 타율적인 일이 분명하지만, 그것이 자율적인 일인지, 타율적인 일인지 구분하는 것은 의미가 없다. 그 이유는 노예에게 자율성이라는 개념을 적용하기가 어렵기 때문이다. 화이트는 왜 타율적인 일이 개인적으로 무의미한 일인지를 다음과 같이 지적한다.

> 타율적인 일은 당사자가 중요한 내재적 목적으로서 선택하지 않은 일이다. 그것은 어떤 이유에서 억지로 해야 하는 일이다. 신으로부터 그런 일을 하도록 소명을 받을 수 있고 신의 종으로서 해야 할 일일지 모른다. 혹은 돈을 벌기 위해 그것을 할 수 있다. 만일 학생이라면 선생님이 기대하는 일(공부)이기 때문에 그렇게 할 수 있다.
>
> (White, 2011/이지헌, 김희봉 공역, 2014: 139)

억지로 해야 하는 일에 종사하고, 최종 산물이 외부의 강요나 자신의 선호와 무관할 때 사람의 삶은 훼손될 수 있다. 또한 일하는 모종의 이유가 자기 삶과 무관하다면 이러한 일은 대체로 피하려고 할 것이다. 그렇다면 왜 사람은 타율적인 일에 종사할 수밖에 없는가? 타율적인 일의 최종 산물은 자신의 선호보다 필요에 가까운 것이다. 여기서 말하는 개인의 필요는 물, 공기와 같이 생존에 필수적인 것만을 말하는 것이 아니라 소비사회의 필요를 가리킨다. 임금 노동자에게 필요한 것은 일의 목표인 최종 산물이 아니라 '임금(재화)'이다. 이때 일의 최종 산물은 자신의 주요 목표와 무관한 것으로 단지 임금과 연관된다. 심지어 자율적인 사람도 그런 이유 때문에 타율적인 일을 선택할 수 있다. 어떤 대학생은 유럽 여행을 가기 위해 힘든 공사판에서 몇 달을 보내기도 한다. 이렇게 볼 때 타율적인 일은 삶에서 필요하고, 불가피한 측면이 있다고 볼 수 있다.

타율적인 일은 자신의 선호나 선택이 아닌 다른 이유 때문에 생기고, 불가피한 것이기에 그것은 가능한 한 감소해야 한다(White, 1997: 54). 타율적인 일은 만족이나 성취감과 거리가 멀고, 따분하고 지루하며, 피하고 싶은 일이다. 이러한 일이 삶 대부분의 시간을 차지한다면 개인의 만족스러운 삶은 멀어지게 된다. 개인적으로 자신의 삶에서 타율적인 일이 감소한다면, 사람은 자신이 선호하는 일이나 활동에 그만큼 집중할 수 있을 것이다.

사회 전체적으로 볼 때, 타율적인 일이 감소한다고 해서 사회의 존속이 크게 위협받지는 않을 것이다. 그렇지만 타율적인 일을 줄여야 한다는 주장은 철학적인 논의에 의해 정당화될 수 있다. 따라서 다음에서는 먼저 타율적인 일의 윤리적 문제점을 지적하고, 이어서 일의 부수적인 이점, 일의 부정적 특성, 왜곡된 가치 위계 등을 논의해 보겠다.

첫째, 타율적인 일의 윤리적 타당성에 관한 논의다. 우리 사회에서 더 나은 직업이 갖는 이점으로는 사회적 인정, 주목, 지위, 타인에 대한 권력 등을 들 수 있다. 이러한 이점에 대한 과도한 집착이나 추구는 윤리적으로 타당하지 못할 수 있다. 타인에게 인정받고 싶은 욕구는 삶의 중요한 특징으로 간주할 수 있지만, 과도한 사회적 인정이 삶의 주요 목표가 될 수 있는 것은 아니다. 이것이 삶의 주요 목표가 된다면 자신과 타인의 잘삶을 증진하기 어려울 것이고, 이를 지나치게 추구하려는 욕구는 타인의 삶을 침해하기도 한다. 왜냐하면 사람 간의 인정은 서로 존중하면서 주고받는 것이고, 단지 일방적으로 받는 것이 되어서는 안 되기 때문이다. 인정은 타인에게 요구하는 것이 아니다. 인정에 대한 과도한 집착은 부하 직원에게 인정을 요구하거나, 심지어 인정을 받기 위해 압력을 행사하는 일이 생기게 만든다(Ibid.: 55).

다른 사람에 대한 권력을 추구하는 것도 윤리적 문제를 일으킨다. 교실에서 학생을 통제하는 힘을 통해 권한을 행사하는 교사는 윤리적으로 문제가 된다. 일부 교사는 다른 교사에게 행사하는 힘(권력)을 획득하기 위해 높은 지위에 오르려고 한다. 권력은 사람이 하고 싶지 않은 것을 하도록 만드는 힘이 있고, 때로는 누군가에게 고통, 두려움, 선망을 갖게 한다. 이처럼 타율적인 일은 윤리적으로 문제가 될 소지를 가진다. 권력을 과도하게 추구하려는 경향이 있다면, 그것을 축소시켜야 할 이유는 분명해진다.

둘째, 일의 부수적인 이점이 개인의 주요한 목표가 될 수 있는가에 대한 논의다. 일은 자율적이건, 타율적이건 간에 여러 가지 즐거운 요소를 갖고 있다. 예컨대, 자신이 하는 일에서 좋은 동료를 알게 된다면 그만큼 즐거워질 것이다. 그러나 우리는 꼭 좋은 동료를 얻기 위해 일과 직업을 선택하는 것은 아니다. 만약 재정적으로 충분하다면, 그런 일에 종사하지 않을 수 있다. 오히려 지루하고 따분한 일에서 벗어나 자신이 선호하는 주요 목표를 추구하고자 할 것이다(Ibid.: 56).

셋째, 타율적인 일의 부정적 특성에 대한 논의다. 타율적인 일은 대부분 기계적이고, 소모적이고, 위험한 특성을 가진다. 이러한 일에 종사한다면 즐겁지 않을 것이다. 그러나 우리 사회에는 이처럼 즐겁지 않은 일이 많고, 이런 일은 주로 사람의 기본적 필요나 개인의 선호와 별로 상관이 없는 최종 산물을 생산한다. 이런 산물은 대중매체와 광고에 종속되어 버린 소비사회와 관계가 있다. 소비사회의 낭비는 불필요할 정도로 많은 상품을 생산하는 타율적인 일을 만들어 내고 있으며, 소비의 압박과 유혹은 그와 연관된 일을 하도록 강요한다(Ibid.: 57).

넷째, 소비사회에서 타율적인 일은 개인의 주요 목표의 가치 위계를 왜곡시킬 수 있다. 주요 목표는 개인이 성취하고자 하는 여러 목표 중 우선순위에 해당한다. 대개 사람은 '덜 중요한 목표'를 하위에 둔다. 예컨대, 교사의 수업, 가족에 대한 사랑은 유행하는 가방 구입이나 패스트푸드를 먹는 것보다 우선될 것이다. 가방 구매나 패스트푸드를 먹는 것이 가치가 없다는 것이 아니라, 일반적으로 가족을 돌보는 것보다 더 낮은 목표에 속한다는 말이다. 그런데 소비사회는 주요 목표의 가치 위계를 혼란 상태에 빠뜨리고 있다. 사람은 넓은 집을 구매하거나, 자가용을 바꾸거나, 해외로 쇼핑하러 가거나, 최신 휴대폰 등을 구매하기 위해 즐겁지 않은 일을 계속하게 된다. 이 중에는 기본적 필요가 아니거나 개인적으로 낮은 수준의 목표에 속하는 것도 많다. 따라서 소비사회의 낭비와 유혹에서 벗어나 중요한 삶의 목표를 우선적으로 추구하도록 하기 위해서는 타율적인 일을 감소시킬 필요가 있다.

그렇다면 잘삶을 위해 타율적인 일은 어떻게 개선·축소되어야 하는가? 타율적인 일은 그 자체가 하고 싶어서 하는 일이 아니다. 그런 일의 최종 산물을 자기 인생의 주요 목표로 추구하는 사람들은 드물다. 예컨대, 앞서 언급한 음식물 쓰레기를 치우는 일, 고층빌딩을 청소하는 일, 컨베이어벨트 위에서 반복적으로 부품을 조립하는 일 등을 그 자체로 좋아할 사람들은 거의 없을 것이다. 그렇지만 이러한 일은 사회적으로 필요하므로 누군가가 해야 한다면, 그들이 그러한 일에 쏟아 넣는 시간을 줄여 주거나 그 대가(임금)를 높이 쳐 주어야 할 것이다 (Walzer, 1983/정원섭 역, 1999: 270-298). 그래야 그런 일을 하는 사람에게도 자유시간이 생기고, 잘삶을 위한 자유시간을 활용하는 데 드는 비용도 마련될 것이다.

잘삶을 위해 타율적인 일의 시간을 축소하고 소득을 높여 주는 방법도 있지만, 다른 방법도 가능이다. 하나는, 일하는 과정에서 '선택의 여지'나 '참여의 폭'을 확대해 줌으로써 타율적인 일 자체를 덜 고통스러운 것으로 만들 수 있다. 이는 노동의 인간화 혹은 민주화가 요구하는 점이다. 다른 하나는, 사회적으로 필요한 타율적인 일들, 예컨대 학교에서 교사와 학생이 함께 청소하는 것처럼, 공동의 사회적 봉사로 분담시킬 수도 있다. 마지막으로, 생태학적 관점에서 타율적인 일을 축소할 수 있을 것이다. 사회적으로 꼭 필요하지도 않은 물건, 즉 물건 소비의 산물을 줄이는 일이 생태 환경에서 중요하다(White, 1997: 67-68).

(2) 잘삶과 자율적인 일

자신의 주요한 목표를 풍부하게 성취할 때 잘삶의 가능성은 높아질 것이다. 잘삶을 위해서는 타율적인 일은 줄이고, 자율적인 일에 종사하는 것이 필요하다. 자율적인 일의 최종 산물은 자기 삶의 주요한 목표에 속하기 때문이다. 화이트는 자율적인 일의 최종 산물을 "다른 이들에게 유용한 재화와 서비스, 자신에게 개인적으로 중요한 재화들 또는 더 공적인 재화들이 될 수 있다(White, 1997: 49)."고 말한다. 자율적인 일의 세 가지 최종 산물을 부연하면 다음과 같다.

첫째, 타인에게 필수적인 재화나 서비스를 들 수 있다. 예컨대, 교사, 간호사, 기자 등은 타인에게 기본적으로 필요한 서비스를 제공해 주며, 농부나 건축가는 농산물이나 주택과 같은 기본적인 재화를 생산한다. 또 그런 기본적 필요뿐만 아니라 타인이 선호하는 재화나 서비스를 생산하는 가수, 정원사, 사진사, 운동선수 등도 있다. 이처럼 자율적인 일은 자신이 선호하는 목표를 충족시키며, 동시에 타인에게 필요한 재화나 서비스를 제공한다.

둘째, 자기 자신에게 개인적으로 중요한 재화나 서비스도 있을 것이다. 예컨대, 어떤 사람은 자신의 집 정원을 멋지게 가꾸거나 집을 자기 취향대로 꾸민다. 이 경우 그는 잘 가꿔진 정원이나 잘 꾸며진 집이라는 산물보다 자신의 정원과 집을 스스로 돌보고, 꾸미는 그 자체를 추구하게 된다. 이것들은 개인적인 만족을 제공해 주는 목표들이다.

셋째, 개인적인 차원을 뛰어넘는 공적인 재화나 서비스를 들 수도 있다. 철학·과학·역사 연구나 예술작품 그리고 민주사회의 건설 등이 여기에 속한다. 예술작품의 경우 개인적인 최종 산물이지만, 시간과 장소를 뛰어 넘어 다른 사람들도 즐기고 감상할 수 있는 최종 산물이기도 한다(Ibid.: 49).

이와 같이 자율적인 일의 다양한 최종 산물은 잘삶의 중요한 부분을 차지한다. 그렇다면 개인의 잘삶에서 자율적인 일의 위치는 무엇인가? 또한 자율적인 일은 잘삶의 필연적인 특징인가? 자율적인 일은 잘삶을 위해 꼭 필요한가? 이런 물음에 대해 화이트는 자율적인 일은 잘삶의 한 가지 가능한 구성요소에 넣을 수 있다고 주장한다(Ibid.: 52). 그러나 잘삶은 일 이외의 여러 활동을 주요 목표로 포함시킬 수 있다. 그림 그리기, 사회적 봉사, 자전거 타기, 종교적 명상하기, 산책하기, 음악감상, 가족 간의 외식 등 여러 활동이 여기에 속한다. 이러한 활동에는 최종 산물을 얻기 위한 일이 아니다. 또한 잘삶을 위한 활동에는 우정 있고, 예의 바르며, 편견 없고, 원칙 있는 인간이 되는 소망처럼 특정한 종류의 성향을 얻고자 하는 노력도 해당된다. 따라서 자율적인 일이 반드시 잘삶에 필수불가결한 것은 아니다. 이렇게 보면 자유민주주의 사회에서 자율적 잘삶을 위해서 자율적인 일이 반드시 포함되어야 하는 것은 아니다.

(3) 일이 없는 잘삶의 가능성

일이 없다고 해서 잘삶이 불가능한 것은 아니다(White, 2011/이지헌, 김희봉 공역, 2014: 135-137). 이런 주장은 이미 잘 살고 있거나 재정적으로 여유가 많은 사람에게 해당하는 이야기라고 생각할 수 있다. 세계 최대 부호인 빌 게이츠(Bill Gates, 마이크로소프트사 창업자)는 더 이상 회사에서 일하지 않고 기부를 통하여 가난한 사람을 돕는 일에 온 힘을 쏟고 있다. 이처럼 일하지 않아도 대체로 잘 살 수 있는 사람은 일자리를 차지하지 않아도 잘삶에 영향을 받지 않는다. 이들은 일자리를 나누어 갖고, 일자리를 개선하고, 일자리를 만들어 내자는 주장에 더 기꺼이 동의할 것이다. 큰 재산을 가진 사람 중에는 특정한 직업에 종사하지 않은 채 취미생활을 즐기고, 이웃과 정을 나누면서, 가끔 어려운 이웃에게 후한 인정도 베풀고 살아가는 이도 있다. 일이 없다고 해서 좋은 삶이 불가능한 것은 아니다.

한편으로, 재정적으로 여유가 없을지라도 '일 없이' 살아가는 사람도 있다. 인터넷 기술의 발달은 새로운 삶의 방식을 만들어 내고 있다. 그 대표적인 사례가 니트족[1]이다. 니트족은 '회사 중심 사회의 종말'을 고하며, 일하지 않고 돈이 별로 없어도 얼마든지 재미있는 것을 하며 살아간다. 이것이 가능한 이유는 인터넷 기술이 발달하고 가치관이

---

1) 니트족이란 'Not in Education, Employment or Training'의 약자인 NEET에서 유래한 신조어다. 학생도 아니고 직장인도 아니면서 그렇다고 직업훈련을 받지도 구직활동을 하지도 않는 무리 또는 그런 사람들을 일컫는다. 일본에는 300만 명의 니트족이 있다고 추산한다(Pha, 2012/한호정 역, 2014).

다양한 사회에서 고정된 생활방식에 얽매이는 것을 불편하게 여기는 사람들이 생겨났기 때문이다.

> 결론부터 말하자면, 딱히 일하지 않아도 사람은 살아갈 수 있다는 것이다. 인간은 일하기 위해 살아가는 것이 아니다. 인간이라는 개념은 그렇게 협소한 것이 아니다. 더 나은 인생을 위한 수단으로 일하는 것은 좋지만, 그것은 어디까지나 수단에 지나지 않는 데도 일하는 것 자체가 인생의 의미인 것처럼 생각하는 사람이 너무 많다.
>
> (Pha, 2012/한호정 역, 2014: 206-207)

니트족은 일을 완전히 부정하기보다는 일 자체에 파묻힌 삶을 거부한다. 그들도 최소한의 생계를 유지하기 위해 인터넷상에서 시간제로 기본적인 삶을 유지하기도 있다. 니트족의 경우 자율적인 일일지라도 지나치게 많아진다면 그들의 삶이 훼손될 수 있다. 자율적인 일에 과도하게 종사하는 것도 일 자체에 내몰린 삶이기 때문이다. 따라서 일이 없는 잘삶은 일에서 해방된 삶을 가리키지 않는다. 또한 그것은 과도한 성과를 산출하기 위해 자율적인 일에 내몰린 삶을 의미하지도 않는다. 일 없는 잘삶은 일이 아닌 활동을 강조한 것이며, 지나치게 자율적인 일에도 구속되지 않는 삶을 강조한다.

2. 활동사회의 교육

과로사회의 교육은 학생들을 지치게 만들고, 일 중심성을 내면화시키고 있다. 그렇다면 활동사회에서 교육에 대해서는 무엇을 요청할 수 있는가? 이 절에서는 활동사회에서의 교육을 세 가지로 제안해 보고자 한다.

첫째, 학생의 교육과 삶은 일의 과도한 지배에서 벗어나야 한다. 다시 말해서, 학생의 일은 그들의 삶 속에서 균형 잡힌 자리를 차지할 필요가 있다는 점이다. 그것이 미래의 직업이든지, 현재의 학업이든지, 먼저 학생 각자에게 좋은 삶이 무엇인가에 대한 이해가 생기고, 그런 이해 안에서 자율적인 학습이나 학업이 이루어져야 한다. 이럴 경우 일 뿐만 아니라 여러 가지 가치 있는 활동이 학생 각자의 삶의 목표로 자리를 잡게 된다. 예컨대, 일하기 위해 사는 것이 아니라 잘 살기 위해 일을 하도록 준비시켜 주는 교육이 필요하다. 최근에 학문(지식) 중심의 교육 풍토 속에서 일을 위한 교육, 일을 통한 교육, 일에 관한 교육을 강조하는 경향도 나타나고 있는데(장원섭, 2006), 이런 교육은 잘삶을 위한 교육과 긴밀한 연관성 속에서 추구될 필요가 있다. 또한 학생에게 각자의 잘삶이 어떤 것인가를 이해하도록 도와주는 것은 학교 교과교육에서도 핵심 과제로 강조될 필요가 있다.

둘째, 일의 세계를 위해 다각적으로 준비시켜 주는 교과 교육이 필요하다. 교과 교육은 '일과의 연관성'이라는 관점에서 새롭게 접근할 수 있다. 그런데 앞서 말했던 것처럼, 전일제(정규직) 혹은 높은 소득과 특혜가 딸린 안정된 일자리를 차지하는 데 유리한 대학이나 학과 진학을 위해 학생은 무한 경쟁을 한다. 이 과정에서 기존의 교과 교육은 도구로서의 구실을 하고 있다. 특히 수학, 영어, 국어 등 일부 과목은 대학 진학을 위해서만 중요성이 강조된다. 이 과목들은 도구적 가치가 크고, 학생의 학교교육에서 지배적 위치를 점유하고 있다. 이런 상황에서 모든 학생이 배워야 할 의무적인 교과 교육은 전반적으로 학생들 개개인에 필요한 잘삶의 탐색(White, 2011/이지헌, 김희봉 공역, 2014)을 어렵게 만들고 있다. 또한 가치 있는 일의 탐색에도 이바지하지 못한다고 볼 수 있다. 따라서 잘삶의 관점에서 일의 다양성, 일에 관한 폭넓은 선택 범위를 알도록 도와주는 것이 교과 교육의 중요한 목표로 강조될 필요가 있다.

셋째, 취업만을 중심으로 고정된 인생계획에 얽매이지 않는 교육이 요청된다. 학생의 삶에서 일이 중요하다고 할지라도 그들의 공부가 미리 정해진 인생계획이나 취업계획을 그대로 따라야 하는 것은 아닐 것이다(White, 2002: 148, 154). 물론 일이 지배하는 삶과 문화 속에서 누구나 취업을 중심으로 인생계획을 세우고 이를 성공적으로 실행해야 한다는 압박감이 크다. 그러나 불확실한 미래를 확실하게 준비하는 길을 찾기란 갈수록 어려워지는 것이 현실이다. 또 고정된 장기 진로계획에 따라 공부하기로 작정한다면, 자발적이고 여유 있는 삶이나 느리게 사는 것을 비현실적인 것처럼 간주하기가 쉬울 것이다(Sansot, 2007). 만일 좋은 삶에 대해 더 자유로운 관점으로 접근한다면 단기적 계획이나 자연 발생적인 계획의 여지도 늘어날 것이며, 평생 보장되는 직장에 대한 집착에서 벗어날 수도 있을 것이다. 미래의 삶이 고정된 궤도를 따라가야 한다는 생각이 완화된다면 '마음만 먹으면 어떤 계획이건 실행할 수 있다'거나 '모든 것을 통제하여 가능하게 만들 수 있다'는 근대적 사고방식에서 벗어날 수 있게 되며, 결국 취업에만 집중하는 학교교육, 그 이후의 전일제 취업 그리고 은퇴의 삶이라는 고정된 인생계획의 틀에서 벗어날 수 있을 것이다(White, 1997: 92-95).

활동사회 속에서의 교육은 일의 과도한 지배에서 벗어나고, 일에 대한 폭넓은 선택지를 제공해 줄 수 있는 교과 교육이 되어야 한다. 또한 미래의 취업과 일자리에만 고정된 교육에서 벗어나게 하는 것도 중요하다. 그렇다면 이처럼 일을 중심으로 확고하게 고착된 인생계획에 얽매이지 않고, 더 자유로운 좋은 삶을 살아가도록 열어 주는 교육은 구체적으로 어떤 학습을 요청하는가?

3. 활동사회의 자발적 학습

1) 자발적 학습의 의미

학생은 학교생활에서 자신이 가치 있게 여기는 여러 가지 중요한 활동을 즐길 수 있을 때 행복해질 것이다. 그렇다면 자발적 학습은 어떻게 정의할 수 있는가? 또 자발적 학습과 활동은 어떤 관계가 있는가?

학습에서 강요성과 자발성은 상이한 태도를 불러일으킨다. 예컨대, 하루에 영어 단어 50개를 외우는 목표는 누군가에 의해 강요(강제)된 것일 수도 있고, 자발적으로 선택한 것일 수도 있다. 이때 강요에 의한 학습은 영어 단어를 외우는 의미나 필요성보다는 주어진 성과에 도달하는 데 급급하다. 이 과정에서 학생은 무기력이나 불안이라는 병리적 태도에 빠지기도 한다. 이와 달리 자발성에 의한 학습은 참여와 만족감을 얻을 수 있다.

자발적인 참여는 잘 설계된 학습과정보다 중요할 수 있다. 예컨대, 학생의 놀이는 스스로 참여하는 활동[2]으로 강제성보다 자발성[3]을 포함하고 있다. 닐(Neill)은 놀이와 학습의 관계에서 학생의 자발적인 태도를 강조한다. 교사가 복잡한 사칙연산을 가르치는 특별한 방법을 가졌는지 그렇지 않은지는 덜 중요하며, 사칙연산은 그것을 배우길 원하는 학생, 다시 말하면 자발적으로 배우길 원하는 학생에게만 중요한 것이다. 닐은 학생이 복잡한 사칙연산을 배우기 원한다면, 어떤 방법으로 가르치더라도 그들은 그것을 배울 수 있다고 말한다(Neill, 1960/백승관, 유승우 공역, 2002: 13). 또한 놀이는 결과보다 그 자체로 만족감을 주는 활동이다. 만족감은 그 자체나 과정에서 얻어질 수 있다. 자전거 타기, 친구와 뛰어놀기, 책 읽기, 모래 쌓기 등은 일처럼 최종 산물을 의도하거나 포함하는 것은 아니다. 이러한 놀이는 최종 산물과 관계없이 그 자체로 즐기는 것이고, 이때 만족감이 생긴다. 따라서 자발성이 참여와 만족감을 준다면, 자발적 학습은 '자신이 스스로 선택한 목표에 참여하고 만족감을 느끼는 학습'으로 정의할 수 있다.

좀 더 넓게 보면, 자발적 학습은 학생의 삶에서 스스로 선택하는 다양한 활동 중 하나다. 물론 학생은 부모나 교사의 도움을 필요로 하거나 계획된 수업목표를 따라야 할 때도 있다. 또한 그들은 삶에서 스스로 중요하다고 여기는 여러 가지 활동이나 수업목표를 선택할 수 있다. 이 과정에서 학생은 현재나 미래에 자기 삶의 주요 목표를 스스로 선택할 수 있어야 한다. 왜냐하면 스스로 선택한 주요 목표는 결과뿐 아니

---

2) 디어든(Dearden)은 놀이와 놀이 아닌 것을 구분하는 세 가지 심리학적 기준으로 자발성, 흥미, 정서적 만족을 들고 있다. 그는 자발성이 놀이와 놀이 아닌 것을 구분하는 기준이 될 수 없다고 말한다. 그 이유는 놀이가 아닌 활동에서도 자발적인 관심의 대상이 나타날 수 있기 때문이다(김무길, 2006: 170 재인용). 이렇게 보면 자발성은 놀이뿐만 아니라 다양한 활동에서도 나타날 수 있다. 이 글에서 저자는 놀이의 개념을 아이들이 자발적으로 선택할 수 있는 활동의 일부분으로 논의하고 있다.
3) 피터스(Peters, 1966/이홍우 역, 1980: 59)에 따르면, '교육'은 교육받은 사람의 의식과 자발성을 전제로 하고 있다.

라 그 과정에서 만족감과 성취감을 주기 때문이다. 따라서 자발적 학습은 참여와 만족을 통해서 학생의 삶을 자율적으로 성장시키는 데 그 목적이 있다.

화이트는 최근에 잘삶을 '가치 있는 활동과 관계에 전심으로 그리고 성공적으로 몰두하는 것'으로 말하고 있다(김희봉, 2014: 216-207). 자발적 학습은 화이트의 최근 잘삶관과 무관하지 않다. 왜냐하면 자발적 학습은 스스로 선택한 가치 있는 활동과 관계에 참여하고 만족감을 얻는 것이기 때문이다.

2) 자발적 학습의 시사점

우리는 과도한 일에 얽매인 과로사회에서 벗어날 수 있다. 그렇게 되면 일과 더불어 여러 가지 활동이 균형을 이루는 활동사회가 가능해질 수 있다. 이와 동시에 많은 사람이 좋은 삶을 추구할 수 있을 것이다. 이에 따라 학교교육도 새로운 방향을 모색할 수 있다. 즉, 과도한 부담을 주고 있는 수업이나 학업에서 벗어날 수 있다. 그렇다면 과도한 일로부터 자유로운 학교교육은 어떻게 가능한가? 그것은 '자발적 학습'을 확대하는 방향을 가리킨다. 자발적 학습은 학생들의 잘삶에 기여할 학교교육에서 핵심 역할을 할 수 있다. 이런 주장의 근거를 다음과 같은 질문을 따라서 찾아보자. 자발적 학습이란 어떤 것인가? 그것은 학교교육이 전반적으로 어떻게 변할 것을 요청하는가? 이러한 문제를 먼저 거시적 차원에서 접근해 보겠다.

첫째, 자발적 학습의 기본정신은 자유민주주의 사회와 일치한다. 자유와 평등을 지향하는 민주주의 사회에서 인간은 각자 스스로 선택한,

가치 있는 주요 목표를 실현하고자 한다. 그것이 잘삶이다. 그러면 여러 가지 삶의 방식들이 있을 것인데 그중에서 어떤 것이 각자에게 가치 있는 것인가? 그것은 각 개인의 자유롭고 성숙한 판단에 따라 달라진다. 그렇다면 각자의 삶에서 어떤 종류의 일이 어떤 위상을 차지해야 할 것인가? 이것도 마찬가지로 개인의 성숙한 판단에 따라 달라질 것이다. 결국 자유민주주의 사회에서 인간의 잘삶은 각자의 자발적 판단과 선택에 달린 것이다.

물론 지식과 이해력, 인간적 자질과 같은 능력을 갖추어야 할 필요가 있지만 자유민주주의 사회에서 필수적으로 요구되는 것이 자발적 학습이다. 자발적 판단과 선택능력을 갖추는 데 필요한 것은 지식과 이해력 그리고 인간적 자질(personal qualities) 등이 있다. 성과(성적)를 중시하는 학교교육은 지식과 이해력의 습득을 특히 강조되고 있다. 하지만 학생들은 자신이 사는 세계를 이해하기 위해 역사, 지리, 과학적 지식이 필요하다(White, 1997: 85). 따라서 학생은 잘삶의 기초로서 어떤 형태이건 지식과 이해가 필요하다. 인간적 자질도 자율적 잘삶에 위해 필요하다. 대표적인 예로 용기를 들 수 있다. 잘 살기 위해서는 자신의 두려움을 적절히 극복할 수 있어야 한다(White, 1990/이지헌, 김희봉 공역, 2002: 251; White, 1997: 88).

둘째, 자발적 학습은 학생으로 하여금 자율적인 존재가 되도록 도와준다. 부모나 교사는 학생이 자발적 학습을 통해 자율적인 존재가 될 수 있도록 도와야 한다. 학생은 자발적 판단과 선택에서 실수를 저지르기도 한다. 학생은 실수하더라도 그 결과를 경험함으로써 성장할 수 있다(Dewey, 1916/이홍우 역, 1994: 311). 학생이 자율적 존재가 되도록 돕는 것은 잘삶과 깊은 관련이 있다. 잘삶의 증진은 생존에 필수적인 음식, 건강, 안전한 거처 등이 충족되고, 삶에 필요한 교육도 받아야 가능하다. 이 중에서 교육은 잘삶을 위해 온갖 종류의 성향, 태도, 지식 등을 습득할 수 있게 돕는 것이고, 학습은 자신과 다른 사람을 이해하는 성향을 키우는 것이다. 학생이 이것들을 배우게 된다면 그들은 자율적인 존재가 될 것이다. 자율적 존재가 되기 위해서는 현재의 삶에서 배워야 하고, 현재의 삶에서 자신에게 의미 있는 활동들을 스스로 선택하고 행해야 한다. 이러한 배움을 아리스토텔레스는 "행함으로써 배운다."고 말한다.

> 어떤 것을 어떻게 만들어야 하는지 배우는 사람은 그것을 만들어 봄으로써 배우는 것이니까. 가령, 건축가는 집을 지어 봄으로써 건축가가 되며, 기타라 연주자는 기타라를 연주함으로써 기타라 연주자가 되는 것처럼 말이다. 그러니 이렇게 정의로운 일들을 행함으로써 우리는 정의로운 사람이 되며, 절제 있는 일들을 행함으로써 절제 있는 사람이 되고, 용감한 일들을 행함으로써 용감한 사람이 되는 것이다.
>
> (Aristoteles, 1894/강상진, 김재홍, 이창우 공역, 2013: 52)

아리스토텔레스의 말대로 덕(성향, 인간적 자질)은 행함으로써 배울 수 있다. 따라서 자율적 존재가 되는 것은 자율적 존재로서 행할 때 가능하다. 학생은 스스로 목표를 선택하고, 자신이 원하는 목표를 우선 순위에 놓을 수 있고, 자신이 원하는 것을 이해하고 조절할 수 있는 능력을 갖추어야 한다. 자발적 학습은 학생을 자율적 존재로, 더 나아가 자율적 잘삶으로 이끄는 중요한 활동에 속한다.

셋째, 자발적 학습은 의무교육의 한계를 암시해 준다. 의무교육이란 학생이 일정한 수준의 교육 성취에 반드시 도달해야 한다는 것을 의미한다. 그렇지만 그것은 학생이 모든 학교교육을 반드시 받아야 한다는 것을 의미하지는 않는다. 그렇다면 모든 학생이 반드시 도달해야 할 교육적 성취의 수준은 무엇인가? 이는 사회나 시대에 따라 다를 것이다. 그렇기 때문에 이에 대한 구체적 논의와 합의가 필요할 것이다. 교육성취의 수준에 대해서 모종의 합의가 이루어진다면 모든 학생이 거기에 도달하도록 강제할 필요는 있을 것이다. 그런데 이런 의미의 의무교육은 '의무적으로' 시행되고 있는 학교교육과 실제로 다를 수 있다. 즉, 학교교육이 필요한 수준과 내용을 넘어서 과도하게 행해질 수 있다. 만일 학교교육이 매우 어려운 수준과 내용으로 의무적으로 시행되고 있고, 또 그에 대해 정당한 근거를 제시하기가 어렵다고 한다면, 학생 개개인의 형편과 필요에 따라 그런 수준이나 내용을 부분적으로 면제받을 수 있다. 다음 사례를 살펴보자.

> 미국의 위스콘신 v. 요더 재판(406 U.S. 205)에서 애미쉬 부모들은 취학을 의무화시키고 있는 국가 법률에 도전하였다. 미국 연방 대법원은 7:0의 결정으로 그들의 주장의 정당성을 인정하였고, 이에 따라 애미쉬 아동들은 8학년 이후부터 의무취학에서 면제되었다.
>
> (Bailey & Contributors, 2010/이지헌 역, 2011: 253-256)

만일 학교교육의 현황과 실상에 따라 그것이 일부 학생에게는 해로울 수 있다고 하자. 그럴 경우에는 학교 밖에서 자발적 학습의 기회를 찾도록 허용할 수 있을 것이고, 이것이 오히려 그들의 잘삶에 이바지할 수 있을 것이다.

　넷째, 자발적 학습이 요청하는 것은 학교 교육과정의 강제성을 완화시키는 일이다. 국가 교육과정에 정해진 교과는 거의 모든 학생이 그대로 배워야 한다. 지역이나 학교에 따라 융통성의 여지가 없지는 않을 것이다. 그런데 이 문제를 학생 각자의 잘삶이라는 관점에서 생각해 보자. 학교에서 가르치는 모든 교과가 학생 개개인에게 이익이 되는가 하는 의문이 들 수 있다. 이는 학교의 모든 교과가 일반적인 차원에서 볼 때 가치가 없는 것이라는 뜻이 아니다. 그런데 그것이 일반적 차원에서 볼 때 가치 있는 교과라고 말할 수 있어도 다음과 같이 물어볼 필요가 있다. 학생 개개인의 잘삶이라는 관점에서 볼 때, 그것은 학생 각자에게 가치 있는 것인가? 만일 어떤 학생이 학문적인 것에 흥미를 갖고 있다면 그들에게는 그런 교과 교육을 제공해 주어야 한다(Nodding, 2003/이지헌, 김선, 김희봉, 장정훈 공역, 2008: 360). 이때 이런 학문적 교과를 배우는 학생이 다른 학생들보다 더 우월하다고 말할 수는 없다. 그런 학생들은 학문적 교과를 개인적으로 가치 있게 여긴다는 점만을 의미할 뿐이다.

　이렇게 볼 때 교과의 가치는 학생 개개인의 잘삶이라는 관점에서도 재검토될 필요가 있다. 학생이 성장하는 어느 시점에서는 개인의 선호에 따라서 특정 교과를 선택할 가능성을 열어 두어야 한다. 왜냐하면 교과 선택과 어떤 교육과정을 선택해야 하는가는 학생이 장차 어떤 사람이 될 것인가를 결정하는 중요한 요인이기 때문이다(Wringe, 1988/김정래 역, 2013: 95). 따라서 고등학교를 졸업할 때까지 모든 교과를 학생이 이수할 필요는 없을 것이다. 그들이 각자의 삶을 어떤 방향으로 살아갈 것인가에 대한 판단이 어느 정도 성숙해진다면 그들이 특정 교과를 꼭 이수할 필요가 없다는 판단을 내릴 수 있다. 이런 점은 교과의 내용 수준에 대해서도 똑같이 적용될 수 있다. 왜냐하면 특정 교과의 내용 수준에서도 어떤 수준의 내용까지 학생이 배워야 할 것인가는 그들의 자율적인 삶의 필요와 성숙한 판단에 따라 달라질 수 있다고 보기 때문이다.

다섯째, 자발적 학습이 시사하는 점은 교사가 주도하는 교과수업이 축소되어야 한다는 것이다. 어떤 교과가 학생에게 가치 있는 것이라고 하자. 그렇다면 그 교과의 운영에서 교사가 일방적으로 수업을 이끌어 갈 필요는 없을 것이다. 학생이 무엇을 할 수 있는가 혹은 무엇을 배우려고 하는가에 따라서 교사가 성취해야 할 과업이 결정되기 때문이다 (Ibid.: 20). 그러면 교과 운영은 다양한 방식으로 이루어질 수 있고 그 중에서 각 학생에게 적합한 방식을 학생 스스로가 선택할 여지를 열어 줄 수 있다. 만일 학생이 공통적으로 이수해야 할 핵심 교과의 수가 줄어들고, 그 내용 수준도 조절될 수 있다고 하자. 그렇다면 이런 교과에서 교사 주도의 수업은 오전 시간에만 진행되도록 만들 수 있다. 이들 교과와 관련된 혹은 별도의 다양한 학습활동은 오후 시간에 학생의 특수한 필요에 맞추어 여러 수준으로 제공할 수 있다. 이렇게 한다면 자발적 학습의 여지가 확대될 수 있다. 요컨대, 교사가 학생의 모든 학교 시간을 수업을 통해서만 주도적으로 이끌어 갈 필요는 없다.

여섯째, 자발적 학습을 위해서는 교사의 삶도 자발성으로 이끌어 갈 필요가 있다. 교사와 같이 생활하는 과정에서 학생은 직접 보고 듣고 하면서 은연중에 수많은 것을 배우게 된다. 이런 점에서 볼 때 학습을 위해서는 학교 수업보다는 오히려 학교의 생활이 더 효과적일 수 있다. 그런데 교사가 어려운 내용으로 가득한 교과를 그저 일방적으로 전달하는 수업 노동자로 살고 있다고 하자. 그처럼 힘들고 소진된 삶은 잘 삶과는 거리가 멀다. 수업과 잡무에 시달리는 교사의 삶은 타율적인 삶이나 다름없다. 학생이 이런 교사의 삶을 바라보면서 암암리에 배우는 것은 무엇일까? 어쩌면 학생은 교사에게 장시간의 타율적인 일이 강요되는 것을 당연한 현실로 받아들일 것이다. 이렇게 된다면 학생은 일 중심의 문화에서 벗어나기가 어렵다. 그만큼 활동사회에 적합한 교육이 실현될 가능성은 줄어들 것이다. 따라서 교사의 삶에서 자발성이 확대되어야 학생의 삶에 좋은 영향을 미칠 수 있을 것이다.

4. 결 론

오늘날 인간의 삶에서 일은 반드시 필요하다. 아무도 일하지 않는다면 사회의 유지는 말할 것도 없고, 개인의 삶 자체도 불가능해질 것이다. 하지만 이런 주장은 일이 삶의 중심을 차지해야 한다거나 사람들의 잘삶은 일을 통해서만 가능하다는 주장과는 다르다. 이 차이점은 잘삶과 일에 대한 철학적 성찰로 우리를 이끈다. 왜 일은 우리 삶의 중심을 차지해야 하는가, 일하는 삶은 항상 행복한 것인가, 미래의 성공적인 직업(일)을 위해 학생은 장시간 공부에 매달려야 하는가, 지금의 일을 위한 교육은 학생의 잘삶에 기여하고 있는가와 같은 물음들은 일과 잘삶 그리고 교육과의 관계를 성찰하게 한다. 특히 이 성찰을 교육과 연관시켜 비판적으로 탐구하는 것은 교육철학의 중요한 과제에 속한다. 따라서 교육의 목적이 학생의 자율적 잘삶을 위해 기여해야 한다면, 잘삶을 위한 일의 가치와 교육에서 일의 목적은 새롭게 탐구될 필요가 있다.

잘삶을 위한 교육에서 일의 가치나 이에 필요한 학습은 새로운 관점에서 모색되어야 한다. 학생의 삶과 학습은 지나친 일 중심성에서 벗어나고, 아이들은 강요된 학습보다 자유롭게 스스로 가치 있는 삶을 선택할 수 있어야 한다. 이때 학생은 남들이 억지로 가르쳐 주려고 하지 않아도 많은 것을 제대로 배울 수 있다. 하지만 이런 점은 오늘날 교육현실에서 지나치게 경시되고 있다. 학생은 장시간 과도한 공부에서 지치고 힘들어하며, 강요된 학습은 학생이 자발적으로 무언가를 배울 기회조차 차단한다. 따라서 학생의 잘삶을 증진시키는 교육과 학습이 요구된다.

이 책의 제2부에서는 학생들의 자율적 잘삶을 증진시키기 위한 일의 교육과 그 가능성을 다음과 같이 탐구하였다. 제3장에서는 우리 사회의 현실을 '과로사회'로 설명하였다. 과로사회에서는 장시간 과도하게 일하며, 강제적이고 하기 싫은 일에 종사하는 특징이 나타난다. 서구의 일 중심의 사회문화적 경향이 어떻게 형성되었는지를 검토하는 과정에서 과로사회의 근원을 알 수 있었다. 학생은 과로사회의 노동자처럼 학교에서 힘들게 일(학업)하고 있으며, 타율적이고 강요된 학습으로 내몰리고 있다. 그들은 진로와 인생계획, 자기 이익을 위한 경쟁으로 동기 부여되지만, 그 결과로 학생은 무기력과 불안이라는 병리적 상태에 빠지고, 소외된 삶을 산다.

제4장에서는 과로사회를 극복하기 위한 대안을 찾고자 일, 잘삶, 학습과 학업의 관계를 규명하였다. 먼저 일의 의미를 최종 산물의 산출 유무로 정의하고, 인간의 다양한 활동에 일을 포함시켰다. 그리고 주

요 목표의 자기 선택 여부에 따라 자율적인 일과 타율적인 일로 구분하였다. 자율적인 일은 주요 목표를 스스로 선택한 일이다. 주요 목표의 선택에서 자율성이 중요한 이유는 자유민주주의 사회의 잘삶에서 필수요소이기 때문이다. 또한 자율성은 일뿐만 아니라 교육에서도 중요하다. 학생은 학교나 학원에서 타율적이고 강제적으로 배우고 있다. 그들은 일하는 것처럼 배우고, 배우는 것이 없는 공부에 매달리기도 한다. 이와 같은 일과 학습의 관계를 일이 아닌 학습, 일을 통한 학습, 일과 같은 학습으로 구분하여 설명하였다.

제5장에서는 잘삶을 위한 대안적인 사회로 활동사회를 제안하였다. 활동사회는 삶에서 만족과 성취감을 느끼는 다양한 활동들을 자율적으로 선택하는 사회다. 일과 활동은 개인의 삶에서 균형을 유지한다. 개인은 타율적인 일을 줄이고, 자율적인 일에 종사하며, 일 이외의 여러 활동에서 주요한 목표를 성취한다. 활동사회 속에서의 교육은 일의 과도한 지배에서 벗어나야 하고, 교과 교육에서 일에 대한 폭넓은 선택지를 학생들에게 제공할 필요가 있으며, 일 중심의 고정된 인생계획에 얽매이지 않도록 한다. 이때 학생은 자발적 학습으로 자율적인 존재로 성장할 수 있다. 자발적 학습은 자기 스스로 선택한 목표에 참여하고 만족감을 느끼는 것으로, 이것은 학교생활의 여러 활동 중의 일부가 된다.

이와 같은 논변이 타당하다면 다음과 같은 몇 가지 결론을 이끌어 낼 수 있다.

첫째, 현실사회와 현실 교육의 문제점을 비판하거나 그 대안을 모색할 경우에는 규범적 준거가 필요하다. 현실의 진단과 대안의 모색을 위해서 자유민주주의의 평등과 자유라는 원칙 그리고 그에 적합한 '자율적 잘삶'이라는 개념이 중요한 판단 준거가 될 수 있다.

둘째, 교육문제는 사회문제와 서로 연결시켜서 논의할 경우에는 연결고리가 필요하다. '과도한 일'이 사람의 삶을 왜곡시키고 있는 현실에서 이 '과도한 일'을 연결고리로 삼아서 사회와 교육의 현실을 진단할 뿐만 아니라 그 대안적인 사회와 교육을 탐색할 수 있다.

셋째, 교육과 사회의 '상호연관성'은 현실 진단이나 대안 제시에서 구체적으로 밝혀질 필요가 있다. 과로사회에서 노동자의 삶은 학교에서 지내는 학생의 삶과 매우 유사하다. 활동사회에서 살아갈 사람에게 가능한 잘삶의 모습과 학생의 현재와 미래에서 실현될 수 있는 잘삶의 모습 사이에 모종의 연관성이 있다.

넷째, 잘삶과 일의 관계가 재정립될 필요가 있다. 자율적인 일은 잘삶의 구성요소에 속하지만, 자율적인 일에 종사하는 것만이 잘삶의 필수요소가 되는 것은 아니다. 특히 자유민주주의 사회에서 자율적 잘삶은 일(자율적인 일과 타율적인 일을 포함해서)과 다양한 활동을 스스로 선택할 때 가능하다. 부모나 교사는 교육을 통해 학생이 자율적 잘삶을 현재나 미래의 삶에서 성취할 수 있게 안내해 주어야 한다. 이렇게 된다면 학생이 자신의 일과 활동 속에서 자신의 주요 목표를 균형 있게 선택할 것이다.

다섯째, 교육의 핵심 가치는 결국 학생의 삶과 학습에 미치는 바람직한 영향에서 찾아낼 필요가 있다. 학생의 삶을 지배하고 있는 '강요된 학습'에서 벗어난 '자발적 학습'은 학교교육의 제반 측면에서 거시적 변화를 이끌어 줄 수 있고, 학생의 잘삶에 기여할 수 있는 핵심 아이디어가 될 수 있다.

이제까지는 학생의 잘삶과 학습에 초점을 두면서 일 중심 사회의 대안이 될 사회를 제시하였다. 이 과정에서 교사의 일(교직)과 잘삶, 일(교직)과 가르침에 대한 논의는 충분하게 다루지 못했다. 이상적인 우리 교육의 모습을 그려본다면, 그것은 교사와 학생의 잘삶이 모두 실현되는 것이다. 지금의 교육현실에서 교사의 일과 잘삶에 대한 성찰이 더욱 더 요구된다. 왜냐하면 교사의 교육활동에 대한 침해는 날로 늘어나고 있으며, 교사의 잘삶이 심각하게 훼손되고 있기 때문이다. 따라서 교사의 일(교직)과 잘삶 그리고 활동사회 속에서의 교사의 역할에 대한 논의가 앞으로 다루어야 할 우리의 과제다.

| 참고문헌 |

강수돌(2012). 성과사회, 자기착취, 그리고 피로사회. 진보평론, 52,
275-283.

강수돌(2015). 여유롭게 살 권리: 일에 지쳐 삶을 잃어버린 당신에게 전하
는 오래된 미래. 서울: 다시봄.

강수돌, 홀거 하이데(2009). 자본을 넘어, 노동을 넘어. 서울: 이후.

고요한(2009). 사회과학에서 경쟁의 의미차: 교육학과 경제학. 2009
년 교육철학회 춘계학술대회 발표자료집.

고재학(2013). 절벽 사회. 서울: 21세기북스.

김덕영(2007). 입시공화국의 종말. 서울: 인물과사상사.

김무길(2006). 놀이의 교육적 성격: 듀이와 디어든을 중심으로. 교육
철학, 35, 167-188.

김병욱(2012). 교육사회학(2판). 서울: 학지사.

김영선(2013). 과로사회. 서울: 이매진.

김현경(2012). 피로사회 서평. 문학과 사회, 25-2, 298-302.

김희봉(2001). '잘삶' 이론에 기초한 교육목적 연구. 전남대학교 대학원 박사학위 논문.

김희봉(2009). 잘삶을 위한 교육. 서울: 학지사.

김희봉(2014). 존 화이트의 교육목적론에서 잘삶의 의미 변화. 도덕교육연구, 26(3), 1-21.

문순홍(2013). 앙드레 고르: 현대 자본주의 비판과 사적 영역의 재탈환 정치. 문화과학, 27호.

박성희, 김희화(2008). 초등학생과 중학생의 학업스트레스와 학습된 무기력 간의 관계. 청소년학연구, 15(3), 159-182.

손철성(2007). 독일 이데올로기 연구. 대구: 영한.

송미영(2013). OECD 국제학업성취도 평가 연구: PISA 2012 결과 보고서. 한국교육과정평가원.

신승원(2010). 소외된 노동의 경제 비판: 『경철 초고』와 앙드레 고르. 진보평론, 46(겨울호).

신차균(2009). 교육적 경쟁원리에 대한 철학적 탐색. 2009년 교육철학회 춘계학술대회 발표자료집.

유재봉(2002). 현대교육철학 탐구: 자유교육에 대한 비판 및 대안 탐색. 서울: 교육과학사.

이명진, 봉미미(2013). 청소년기의 학습된 무기력. 교육학연구, 51(1), 77-115.

이승욱, 김희경, 김은산(2012). 대한민국 부모. 경기: 문학동네.

이옥순(2012). 게으름은 왜 죄가 되었나. 경기: 서해문집.

이지헌, 임배(2014). 잘삶을 위한 일의 교육 -활동사회의 비전을 기반으로-. 교육사상연구, 28(2), 41-65.

임배(2014). 자율적 잘삶이 실현되는 활동사회 속에서의 일과 교육 – 과로사회의 강요된 학습에 대한 대안 탐색-. 전남대학교대학원 박사학위청구논문.

장원섭(2006). 일의 교육학. 서울: 학지사.

전위성(2011). 엄마가 알아야 아이가 산다! 서울: 오리진하우스.

정창우, 노영란, 조태훈, 정희태, 문일호, 김성관, 김명규, 류승화, 김정민, 김성태, 이수빈, 이주은, 유희진(2014). 중학교 도덕1. 서울: ㈜미래엔.

주창윤(2013). 허기사회. 서울: 글항아리.

최환석(2013). 나는 한국경제보다 교육이 더 불안하다. 서울: 참돌.

한병철 저, 김태환 역(2015). 심리정치-신자유주의의 통치술. 서울: ㈜문학과지성사.

한병철 저, 김태환 역(2012). 피로사회. 서울: ㈜문학과지성사.

홀거 하이데 저, 강수돌, 김수석, 김호균, 황기돈 공역(2000). 노동사회에서 벗어나기. 서울: 박종철출판사.

佐藤(2001). GAKURYOKU O TOI NAOSU. Tokyo: Iwanami Shoten. 배움으로부터 도주하는 아이들 -학력을 묻는다-. 손우정, 김미란 공역(2012). 경기: 북코리아.

KBS 공부하는 인간 제작팀 (2013). 공부하는 인간. 서울: 예담.

Arendt, H. (1958). *The Human Condition*. New York: Doubleday Anchor. 인간의 조건. 이진우, 태정호 공역(1996). 서울: 한길사.

Aristotelis (1894). *Aristotelis Ethica Nicomachea*. Oxford:

Clarendon Press. 니코마코스 윤리학. 강상진, 김재홍, 이창우 공역(2013). 서울: 길.

Arneson, R. J.(1987). Meaningful Work and Market Socialism. *Ethics, 97*, 517-545.

Attfield, R. (1984). Work and the Human Essence. *Journal of Applied Philosophy, Vol. 1*, No.1, 141-150.

Bailey, R., & Contributors (2010). *The Philosophy of Education: An Introduction*. London: Continuum International Publishing Group. 철학이 있는 교육, 교육을 찾는 철학. 이지헌 역(2011). 서울: 학이당.

Beck, U. (1999). *Schoene neue Arbeitswelt*. Campus Verlage. 아름답고 새로운 노동세계. 홍윤기 역(1999). 서울: 생각의나무.

Ciulla, J. B. (2000). *The Working Life*. New York: The Crown Publishing Group. 일의 발견. 안재진 역(2010). 서울: 다우출판사.

Dahrendorf, R. (1982). *On Britain*. London: British Broadcasting Corporation.

Dewey, J. (1916). *Democracy and Education*. New york: Macmillan. 민주주의와 교육. 이홍우 역(1994). 서울: 교육과학사.

Elster, J. (1985). *Making Sense of Marx*. Cambridge: Polity Press. 마르크스 이해하기 1. 진석용 역(2015). 서울: 나남.

Finnis, J. (1980). *Natural Law and Natural Rights*. Oxford: Oxford University Press.

Gorz, A. (1980). *Adieux au Proletariat*. Paris: Galilee. 프롤레타리아여

안녕. 이현웅 역(2011). 서울: 생각의 나무.

Gorz, A. (1985). *Paths to Paradise: on the Liberation from Work*. London: Pluto Press.

Gorz, A. (2006). *Lettre a D*. Paris: Galilee. D에게 보낸 편지. 임희근 역 (2007). 서울: 학고재.

Gorz, A. (2008). *Ecologica*. Paris: Galilee. 에콜로지카. 임희근, 정혜용 공역(2015). 서울: 갈라파고스.

Griffin, J. (1986). *Well-being*. Oxford: Clarendon Press.

Hager, P. (1999). Review of J. White (1997). Education and the End of Work: a new philosophy of work and learning. *Journal of Education and Work*, *12*, 95-100.

Hager, P., & Hyland, T. (2003). Vocational Education and Training. In Blake N., Smeyers P., Smith R., & Standish (ed.), *The Blackwell Guide to the Philosophy of Education* (pp. 253-270). Oxford: Blackwell Publishers. 직업교육과 훈련. 김희선 역 (2009). 현대교육철학의 다양한 흐름 I. 강선보, 고미숙, 권명옥, 김성봉, 김희선, 심승환, 정윤경, 정훈, 조우진 공역(2009). 243-271.

Hinchliffe, G. (2004). Work and Human Flourishing. *Educational Philosophy and Theory, 36*, Issue 5, 535-547.

Hooker, B. (2015). The Elements of Well-being. *Journal of Practical Ethics*. 3.1.

Krisis (1999). *Feierabend!*. Hamburg. 노동을 거부하라! 김남시 역 (2007). 서울: 이후.

Krznaric, R. (2013). *How to find fulfilling work*. UK: Macmillan Publishers Ltd. 인생학교 일: 일에서 충만감을 찾는 법. 정지현 역 (2013). 경기: ㈜샘앤파커스.

Marx, K., & Engels, F. (1976). *The German Ideology*. Progress. 독일이데올로기 I. 박재희 역(2009). 경기: 청년사.

Mill, J. S. (1861). Utilitarianism in *Utilitarianism, Liberty, Representative Government*(1910 edition). London: Everyman.

Moore, G. E. (1903). *Principia Ethica*. Cambridge: Cambridge University Press.

More, T. (2003). *Utopia*. UK: Penguin Classics. 유토피아. 정순미 역 (2009). 서울: 풀빛.

Neill, A. S. (1960). *Summerhill: A Radical Approach to Child Rearing*. New York: Hart Publishing Company. 섬머힐 (Summerhill). 백승관, 유승우 공역(2002). 서울: 문음사.

Nietzsche, F. (1974). *The Gay Science*. New York: Vintage Books. 니체전집 12. 즐거운 학문. 안성찬, 홍사현 공역(2005). 서울: 책세상.

Nodding, N. (2003). *Happiness and Education*. New York: Cambridge University. 행복과 교육. 이지헌, 김선, 김희봉, 장정훈 공역(2008). 서울: 학이당.

Norman, R. (1983). *The Moral Philosophers*. Oxford: Clarendon Press. 윤리학 강의-위대한 도덕철학자들의 사상. 안상헌 역 (1994). 서울: 문원.

Nussbaum, M. (2006). *Frontiers of Justice*. Cambridge, Mass.: Harvard

University Press.

Paul, E. F., Miller, Jr., F. D., & Paul, J. (1999). *Human Flourishing*. Cambridge: Cambridge University Press.

Peters, R. S. (1966). *Ethics and Education*. London: Allen & Unwin. 윤리학과 교육. 이홍우 역(1980). 서울: 교육과학사.

Pha (2012). *NEET NO ARUKIKATA*. Tokyo: Gijyutsu-Hyoron. 빈둥빈둥 당당하게 니트족으로 사는 법. 한호정 역(2014). 서울: 동아시아.

Pring, R. A. (1993). Liberal Education and Vocation Preparation. In R. Barrow & P. White (eds.). *Beyond Liberal Education: Essays in Honour of P. H. Hirst*. London: Routledge & Kegan Paul.

Pring, R. A. (1995). *Closing the Gap*. London: Hodder and Stoughton.

Rawls, J. (1997). *A Theory Justice*. Cambridge: Harvard University Press.

Raz, J. (1986). *The Morality of Freedom*. Oxford: Claerndon Press.

Raz, J. (1994). *Ethics in the Public Domain*. Oxford: Clarendon Press.

Reiss, M., & White, J. (2013). *An Aims-based Curriculum: The Significance of the Human Flourishing for Schools*. London: Institute of Education Press.

Rifkin, J. (1995). *The End of Work*. New York: Tarcher/Putman. 노동의 종말. 이명호 역(2005). 서울: 민음사.

Russell, B. (1960). *In Praise of Idleness*. London: Unwin Books. 게으름에 대한 찬양. 송은경 역(2005). 서울: 사회평론.

Sansot, P. (2004). *La beautø m'insupporte*. Lausanne: Éditions Payot

& Rivages. 느리게 산다는 것의 의미 4. 김선미, 한상철 공역 (2007). 서울: 동문선.

Sayers, S. (1987). The Need to Work: a Perspective from Philosophy. *Radical Philosophy, 46(*Summer) 17-26.

Scanlon, T. (1996). The Status of Well-being. *Tanner Lectures on Human Values 16 Michigan Quarterly Review* XXXVI(1997), 290-310.

Scheffler, I. (1995). Reflections on Vocational Education. In. V. A. Howard & I. Scheffler (eds.), *Work, Education and Leadership: Essays in the Philosophy of Education.* NY: Peter Publishing Inc.

Schnapper, D. (1997). *Contre la fin du travail: entretien avec Philippe Petit.* Paris: Les éditions Textuel. 노동의 종말에 반하여. 김교신 역(2001). 서울: 동문선.

Schumacher, E. F. (1979). *Good Work.* UK: Vreni Schumacher. 굿 워크. 박혜영 역(2011). 서울: 느린걸음.

Schwartz, A. (1982). Meaningful Work. *Ethics, 92*(July), 634-646.

Sumner, L. W. (1996). *Welfare, Happiness & Ethics.* Oxford: Clarendon Press.

Svendsen, L. (2008). *Work.* UK: Acumen Publishing Ltd. 노동이란 무엇인가? 안기순 역(2013). 서울: 파이카.

Tawney, R. H. (1980). *Religion and the Rise of Capitalism.* West Drayton: Penguin Books. 종교와 자본주의의 발흥. 김종철 역 (1983). 서울: 한길사.

Walzer, M. (1983). *Spheres of Justice*. Oxford: Clarendon Press. 정의와 다원적 평등-정의의 영역들. 정원섭, 김석수, 박찬구, 선우현, 유석성, 유혜경, 유종호, 이혜정, 임종식, 홍윤리 공역(1999). 서울: 철학과 현실사.

Weber, M. (1920). *Gesammelte Aufsätze zur Religionssoziologie, Bd. 1*. Tübingen: J. C. B. Mohr (paul Siebeck). 프로테스탄티즘의 윤리와 자본주의 정신. 김덕영 역 (2010). 서울: 길.

Weil, S. (1977). Factory Work. In Panichas, G. (ed.), *Simone Weil Reader*. New York: Moyer Bell. 시몬느 베이유 노동일기. 이재형 역(1983). 서울: 이삭.

White, J. (1982). *The Aims of Education Restated*. London: Routledge & Kegan Paul.

White, J. (1990). *Education and the Good Life*. London: Kogan page. 교육목적론. 이지헌, 김희봉 공역(2002). 서울: 학지사.

White, J. (1997). *Education and the End of Work: A New Philosophy of Work and Learning*. London: Cassell.

White, J. (2002). Education, the Market and the Nature of Personal Well-being. *British Journal of Educational Studies, 50, 4*, 442-456.

White, J. (2011). *Exploring Well-being in Schools: A Guide to Making Children's Lives more Fulfilling*. London and New York: Routledge. 잘삶의 탐색: 학교교육의 새로운 목적. 이지헌, 김희봉 공역(2014). 서울: 교육과학사.

White, J. (2016, Nov. in press). Education, time-poverty and well-being, *Theory and Research in Education.*

Winch, C. (2000). *Education, Work and Social Capital: Toward a New Conception of Vocational Education*. London: Routledge.

Wringe, C. (1988). *Understanding Educational Aims*. London: Unwin Hyman. 교육목적론. 김정래 역(2013). 서울: 학지사.

김누리(2014. 4. 28.). "행복한 십대들의 나라". 한겨레신문.

김지훈, 박수지(2014. 2. 19.). "'선행학습 금지' 콧방귀 뀌는 학원가". 한겨레신문.

목수정(2013. 12. 5.). "목수정 파리통신: 학력평가, 누구를 위한 것인가". 경향신문.

신지후(2015. 11. 29.). "일과 삶의 균형을 위해 … 스웨덴 6시간 근무제 확산". 한국일보.

이정국(2013. 2. 27.). "'친구 끊고 공부해' 우정파괴 메가스터디". 한겨레신문.

이정모(2010. 8. 6.). "해리포터 탓에 한산한 응급실… 정말?". 프레시안.

∥ 찾아보기 ∥

인 명

P

Parfitt, D. 64
Platon 25
Pring, R. A. 65, 114

R

Rawls, J. 135
Raz, J. 64
Reiss, M. 72
Roland, M. 71
Ross, W. D. 64
Russell, B. 13, 57

S

Sayers, S. 13, 29
Scanlon, T. 65

Scheffler, I. 115
Schumacher, E. F. 113
Schwartz, A. 13, 39
Svendsen, L. 126

T

Tawney, R. H. 87

W

Weber, M. 87
Weil, S. 13, 35
White, J. 12, 17, 22, 26, 32, 38,
      48, 52, 58, 59, 114

내 용

저자 소개

이지헌(Jee-hun Lee)

교육학 박사
현 전남대학교 교육학과 교수

연구 관심 분야
교육목적론, 대학교육

주요 저서 및 역서
교육철학 1-이론과 역사(역, 학지사, 2013)
교육철학 2-가치와 실천(역, 학지사, 2013)
교육철학 및 교육사(공저, 학이당, 2014)
중등 교육과정, 그 역사와 철학(공역, 학지사, 2016)

주요 논문
본래성과 대학교육(2011)
잘삶을 위한 일의 교육(공동 집필, 2014)

jehlee@chonnam.ac.kr

임 배(Bae Im)

교육학 박사
현 전남대학교 교육학과 강사

연구 관심 분야
교육목적론, 일과 학습, 인문학교육 프로그램

주요 논문
잘삶을 위한 일의 교육(공동 집필, 2014)
자율적 잘삶이 실현되는 활동사회 속에서의 일과 교육(2014)
대학인성교육으로서 삶의 치유(Lebenstherapie)프로그램 개발과
　　적용가능성탐색(공동 집필, 2015)

imbae_042@chonnam.ac.kr

과로사회를 위한
존 화이트의 교육철학

- 일, 학습 그리고 잘삶 -

John White's Philosophy of Education: Work, Learning and Well-being

2016년 5월 20일 1판 1쇄 인쇄
2016년 5월 25일 1판 1쇄 발행

지은이 • 이지헌 · 임배

펴낸이 • 김진환

펴낸곳 • (주)**학지사**

　　　　04031 서울특별시 마포구 양화로 15길 20 마인드월드빌딩

대표전화 • 02)330-5114　　팩스 • 02)324-2345

등록번호 • 제313-2006-000265호

홈페이지 • http://www.hakjisa.co.kr

페이스북 • https://www.facebook.com/hakjisa

ISBN 978-89-997-0863-3 93370

정가 13,000원

이 도서의 국립중앙도서관 출판시도서목록(CIP)은 서지정보유통지
원시스템 홈페이지(http://seoji.nl.go.kr)와 국가자료공동목록시스템
(http://www.nl.go.kr/kolisnet)에서 이용하실 수 있습니다.
(CIP제어번호: CIP2016010583)

교육문화출판미디어그룹 **학지사**

심리검사연구소 **인싸이트** www.inpsyt.co.kr
원격교육연수원 **카운피아** www.counpia.com
학술논문서비스 **뉴논문** www.newnonmun.com